당신의 착함을

이용하는 사람들에게

먹이는 한 방!

착하게, 그러나 단호하게

당신의 착함을 이용하는 사람들에게 먹이는 한 방!

착하게, 그러나 단호하게

무엔거無顏歌 지음 · 최인애 옮김

착한 당신,
'호구'는 되지 말자!

━━━━━ 인간의 성품에는 부드럽고도 강한 힘을 지닌 면이 존재한다. 바로 선량함이다. 진정한 선량함은 서로 신뢰 관계가 전혀 없는 낯선 이들끼리도 마음의 경계심을 내려놓게 한다. 러시아 극작가 빅토르 로조프Viktor Sergeevich Rozov가 말했듯 "지극히 감동스러운 인류의 선량함은 마음과 육체의 상처를 치유하는 힘"이 있다. 선량함은 일종의 양심이자 지극히 도덕적인 본성이다.

그러나 지금은 선량함의 가치가 제대로 평가받지 못하는 시대다. 예를 들어 선생님이 어느 학생의 평가서에 '매우 착합니다.'라고 써서 보내면, 학생의 부모에게 볼멘소리를 듣기 십상이다.

"요즘 같은 세상에 착한 게 무슨 소용이 있어? 바보 같은 사람이나 착하다는 소리를 듣는 거라고!"

사실 이런 말이 나오게 된 데는 다 이유가 있다. 선량함 자체가 나빠서가 아니다. 그저 오늘날 우리가 선량함을 대하는 방식이 잘못됐기 때문이다. 그래서인지 한동안 SNS에서 랄프 에머슨Ralph Waldo Emerson의 명언이 돌았을 때, 많은 사람이 은근히 가슴 한 구석이 찔린다는 반응을 보였다.

"그대의 선량함에는 반드시 '가시'가 있어야 한다. 그렇지 않으면 그 선량함은 없는 것이나 마찬가지다."

내 친구의 이야기다. 증권회사에서 일하는 그녀는 사람을 대하는 면에서 놀라울 정도로 적절하게 처신하는 능력이 있다. 예를 들어 동료가 도와달라고 하면 그녀는 먼저 구체적인 상황을 파악한 후 이렇게 대답한다.

"나도 정말 도와주고 싶어. 하지만 지금 이 일을 해주면 오히려 네게 해가 될 것 같아. 이쪽 일은 직접 해봐야 배울 수 있는 부분이 많거든. 그러니까 스스로 한번 해봐. 난 네가 할 수 있을 거라고 믿어."

이때 그녀의 말투와 태도는 시종일관 진지하고 진실하다. 그러면 동료는 도와주지 않았다는 이유로 그녀를 원망하지 않고, 나중에는 오히려 진심 어린 충고에 고마워하기까지 한다.

누군가 돈을 빌려달라고 할 때도 마찬가지다. 상대의 의도를 정확히 이해하기 전이라면 그녀는 부드럽고 여유롭게 이렇게 말한다.

"이렇게 하자, 먼저 집에 가서 가족이랑 상의해볼게. 됐지?"

그리고 상황을 구체적으로 파악한 결과, 상대가 단순히 투자하려고 돈을 요구하는 것이라면 대개는 거절한다.

"미안해, 난 네가 하겠다는 투자가 뭔지 정말 이해하지 못하겠어. 내가 당장 해줄 수 있는 돈으로는 아마 큰 도움도 안 될 거야. 게다가 너도 우리 집 사정 알잖아. 부모님도 모시고 있고 애도 있어. 그래서 여윳돈을 항상 남겨두어야 하는 터라 빌려줄 수가 없어. 너도 이해해줄 거라 믿어."

이쯤 하면 상대도 더는 성가시게 굴지 않고 순순히 물러선다. 게다가 자기 체면이 깎였다고 느끼지 않기에 그녀를 원망하는 경우도 적다. 물론 그녀도 상대가 정말 급한 일로 돈이 필요한 경우라면 선뜻 빌려준다. 하지만 사전에 상환 기한과 방식을 의논하고 확실히 정한다. 그렇게 하는 것이 자기 자신은 물론 상대도 책임지는 행동이라고 믿기 때문이다.

동료나 동기, 친구들도 처음에는 그녀가 지나치게 냉정하고 이성적이라고 생각했다. 심지어 대하기 어렵고, 까다로우며, 인간미가 없다고 말하는 지인도 있었다. 그러나 곁에서 그녀를 주의 깊게 지켜본 결과 나는 그녀의 방식이 매우 옳다는 결론을 내렸다. 최근 몇 년 동안 그녀는 몇몇 사람의 요구를 거절했지만 여전히 그들과 좋은 인간관계를 유지하고 있었다.

또한 주변인 모두 그녀를 아주 상식적이고 믿을 만한 사람이라고 생각했다. 그녀는 오히려 인간관계를 유연하게 조율하면서 훨씬 원만한 삶을 살고 있다.

당신은 아마도 착한 사람일 것이다. 그런 사람일수록 선량함의 양면성을 깨닫고, 어떤 것이 진짜 선량함인지 아는 지혜를 가져야 한다. 미리 대비해두지 않으면 막상 일이 닥쳤을 때 심각한 내상을 입을 수 있다. 예를 들어 '듣기 싫은 소리'를 하기 힘들다는 이유로 무리하면서까지 남을 도와주는 경우다.

처음부터 너무 후하게 베풀면 나중에는 당연한 듯 이것저것 요구해대는 사람이 있다. 마침내 힘에 부쳐 거절하면 외려 욕먹을 뿐만 아니라 상대와의 관계까지 어그러지게 된다. 게다가 그들은 당신이 헌신하고 베푸는 이유가 착해서가 아니라 '호구'여서라고 생각한다. 이 얼마나 억울한가!

세상에는 이런 '질 낮은' 선량함이 얼마나 많은지 모른다. 다른 사람이 무엇을 필요로 하는지 전혀 배려하지 않은 선한 행동인 경우다. 또 '멍청한' 선량함도 있다. 마음씨 좋은 옆집 아주머니가 아픈 이웃을 위한답시고 검증되지 않은 각종 민간요법을 추천하는 것도, 자비심이 넘치는 사람이 바다거북을 공원 연못에 방생하는 것도 상식 없는 선량함의 결과다.

그런가 하면 자기 자신의 도덕적 잣대를 타인에게 강요하는 선량함도 존재한다. 남의 속사정을 알지도 못하면서 "너는 그렇게 돈이 많은데 왜 기부는 안 하냐!"고 설교를 늘어놓는 사람이 여기에 속한다.

어떤 선량함은 정작 피해 입은 쪽을 동정하지 않고 순전히 약해 보이는 쪽만 동정한다. 방 청소 한 번 하지 않고 쓰레기통 한 번 비우지 않는 룸메이트를 참아주다가 결국 폭발한 사람에게, 전혀 상관없는 제3자가 나서서 "시골에서 온 애인데 잘 좀 해주지 그러냐."고 핀잔주는 식이다.

다 너를 위한 것이라며 안 하느니만 못한 중재를 하는 사람도 대개 선량함에 잘못된 기준을 가진 경우가 많다. 남편은 술 마시고 노름하는 데다 심지어 바람까지 피웠는데, 그 아내에게 "어쨌든 애들 아빠가 아니냐, 한 번만 용서해주라."고 타이르는 것이 과연 선량한 행동일까?

그뿐이랴. 친하다는 핑계로 매일 당신을 붙들고 수다를 늘어놔서 일을 못하게 하는 직장 동료, 좋은 글이랍시고 끊임없이 문자를 보내 당신의 휴식을 방해하는 동기도 별반 다르지 않다. 이들이 정말 짜증 나는 이유는 단순히 우리에게 불편함과 불쾌감을 준다는 데 그치지 않는다. 그들의 행동이 기본적으로는 '선의'에서 비롯된 것이라 차마 대놓고 뭐라고 할 수 없다는 점이 우리를 더욱 짜증 나게 하는 것이다.

진짜 선량한 사람은 자신이 하는 일이 정말 선한 일인가에만 관심이 있지, 남의 시선은 신경 쓰지 않는다. 진정한 선은 사실을 정확히 이해하고 살핀 후, 가장 좋은 결과를 불러올 선택을 하는 것이다. 그렇기에 당신은 어떤 종류의 선량한 사람이 될지에 대해서 반드시 깊이 고민하고 생각해봐야 한다.

먼저 염두에 두어야 할 점이 몇 가지 있다. 첫째, 인생은 타협할 수 있는 것이 아니다. 타협하고 물러설수록 당신이 숨 쉴 공간은 점점 더 줄어든다. 둘째, 스스로의 자리를 지나치게 낮게 둘 이유가 없다. 하기 싫은 일을 억지로 하지 말고, 여태껏 참아왔다고 해서 계속 참지도 마라. 셋째, 다른 사람이 함부로 당신의 한계선을 넘도록 내버려두어서는 안 된다. 당신이 남에게 양보하고 맞춰주는 이유는 착해서가 아니라 스스로의 나약함을 인정하기 싫어서일 뿐이다. 남이 좋아하지도 않고, 고마워하지도 않는, 당신 자신이 할 수도 없고, 하고 싶지도 않은 '선행'은 당장 그만두도록 하자.

인생이 그저 세상에 맞춰 흘러갈 뿐이라는 생각이 든다면, 매일을 되는 대로 살아가고 있다면, 주변 사람들이 내 존재를 깔본다면, 남의 비위를 맞추는 것 외에는 자신의 존재감을 인정받는 방법을 모른다면, 타인을 대할 때 좀 더 까다로운 기준을 가져야 한다. 세상은 당신이 어깨를 펴고 당당히 설 때 비로소 당신의 모든 것을 허락할 것이다.

Chapter 1

제발 날 좀 내버려둬!

손해 보는 데 익숙하고,
습관적으로 남의 눈치를 보며,
가까운 사람의 부탁을 거절하지 못하는가?
당신은 스스로를 소홀히 대하고 항상 남의 뒤치다꺼리나 해주는
'무골호인無骨好人'으로 전락할 공산이 크다.

어려서부터 "착하다.", "순하다.", "얌전하다."는 칭찬을 들어왔는지도 모른다. 딱히 그런 칭찬을 좋아하지 않았더라도 그에 대해 깊이 생각해본 적도 없었을 것이다.

그러나 몇 년 동안 사회생활을 경험하고 인간관계를 맺으면서 많은 상처를 입은 후에 아마 이렇게 느꼈을지 모른다. 본성이 착한 사람보다는 개성이 분명하고 성질부릴 줄 아는 사람이 훨씬 잘 산다고 말이다.

당신은 좋은 인간관계를 유지하기 위해 최대한 다른 사람과의 마찰을 피하려 애쓴다. 남이 보기에는 마땅히 화내야 할 상황도 아무렇지 않은 척 넘긴다. 노력 덕분인지 주변에 친구도 많다. 하지만 어느 날 문득 주변을 돌아보니 내게도 원칙이 있다는 사실을 아는 사람은 거의 없는 것 같다. 게다가 어느새 나 자신은 중요하지도, 진심으로 존중받지도 못하는 존재가 되었다. 어쩌다 이렇게 됐을까.

A는 얼마 전 예전 직장 동료와 전화를 하다가 황당한 일을 겪었다. 글쎄, 이렇게 말하지 않는가!

"네가 정말 그립다! 네가 없으니까 이렇게 더운 날씨에 콜라 한 잔 가져다주는 사람이 없어."

그 말을 듣는 순간 그는 진흙탕에 처박힌 기분이었다.

처음 회사에 들어갔을 때 A는 열정적이고 시원시원했다. 사람들은 그에게 온갖 자잘한 일들을 부탁했고 그는 한 번도 거절하지 않았다.

평소에는 일찌감치 출근해서 사무실을 정리하고 청소했으며, 동료 중 누군가가 "아침을 못 먹어서 배고파 죽겠다."고 하면 즉시 자기 간식을 꺼내 건넸다. 휴일이나 명절에도 종종 동료 대신 택배를 받거나 일했고, 푹푹 찌는 여름에는 얼음을 동동 띄운 시원한 콜라를 가져와 모두에게 나눠주었다.

문제는 맡은 일이 많아진 다음이었다. 늘어난 업무 때문에 예전처럼 도와주지 못하자 동료들이 그에게 불만을 토하기 시작한 것이다. 심지어 대놓고 비아냥대며 시키기도 했다.

"자기야, 창고에 가서 복사지 좀 가져다주라. 우리 다 기다리고 있어."

하지만 그는 화내지 않았다. 지금까지 해온 것이 있는 만큼 말없이 시키는 대로 할 뿐이었다. 이런 상황이 반복되자 나중에는 팀장이 업무 외의 일까지 지시했다. 분명히 그가 할 일이 아니었는데도 창고에 가서 물건을 나르라고 했다. 결국 사무실을 나서다가 방금 출장에서 돌아온 사장과 정면으로 마주쳤다. 사장이 어딜 가냐고 물었고, A는 팀장을 곤란하게 만들지 않기 위해 사무용품을 사러 간다고 거짓말했다.

그러나 어디선가 진상을 들어 알게 된 사장은 곧 그를 불러 크게 나무랐다. 명색이 인사부 직원이라는 사람이 눈 하나 깜빡 않고 거짓말을 했다는 게 이유였다. '신용'이라는 두 글자도 지키지 못하면서 어떻게 다른 사람을 관리할 수 있겠냐는 질책도 따라붙었다. A는 아무 대답도 못했고, 결국 사직서를 제출했다. '좋은 사람'이라는 딱지를 지키려다 직장을 잃고 만 것이다.

실제로 직장생활에서 이와 비슷한 고충을 겪는 사람이 많다. 상사가 당신에게 온갖 심부름을 시킨다면, 그것은 그가 당신과 친해지고 싶다는 표현일까? 아니면 당신이 쉽게 부릴 수 있는 사람이기 때문일까? 동료가 당신에게 일부러 비아냥거리는 말을 한다면, 당신을 너그럽고 화를 잘 내지 않는 사람이라고 생각해서일까? 아니면 그저 괴롭히기 좋은 사람에게 화풀이하는 것뿐일까?

상황이 이쯤 되면 나에게 문제가 있는 것은 아닌지 의구심이 드는 게 정상이다. 좋게 말하면 성격 좋고 모난 데가 없다고 할 수 있지만, 나쁘게 말하면 너무 유약하고 주관이 없는

1. 제발 날 좀 내버려둬!

게 아닐까.

언제 어디서든 항상 웃는 얼굴만 보이면 사람들은 당신을 개성 없는 사람으로 치부하고 무의식적으로 우습게 본다. 평소 자기 계획을 포기해가면서 친구의 부탁과 요구를 들어주면 어쩌다 한 번 들어주지 못했을 때는 성의가 없다는 둥, 거짓말 하는 게 아니냐는 둥 싸늘한 눈초리를 받게 된다.

돈을 빌려주고 민망하다는 이유로 제때 재촉하지 않으면 상대는 내심 마음 놓고 갚을 생각을 하지 않거나 습관적으로 돈을 빌리려 든다. 결과적으로 당신은 진퇴양난에 빠지게 된다. 이제와 갚으라고 하자니 감정이 상할까 걱정되고, 안 하자니 돈이 아깝고….

A가 누구나 부리기 쉬운 사람이 된 까닭은 그가 '원칙 없는 관용'을 '너그러움'으로 착각하고 무슨 부탁이든 거절하지 않았기 때문이다. 한 가지, 여기서 확실한 점은 그가 다른 이의 반응에서 자존감을 찾는 종류의 사람이라는 것이다. 이런 사람은 남의 부탁을 잘 거절하지도 못하고, 남에게 거절당하는 것도 두려워한다. 그래서 사실은 'no'라고 말하고 싶은 순간조차 'yes'라고 말해버린다. 직접적인 거절이 자신의 존재감을 해치는 치명타라도 되는 양 겁을 먹는 것이다.

진정한 '자존감'은 자기 자신을 얼마나 좋아하는지, 스스로를 얼마큼 받아들이는지에 따라 결정된다. 혹시 남에게 상처를 줄까 봐 거절하지 못하는 사람은 대부분 다른 사람에게 거절당하는 것 또한 잘 받아들이지 못한다. 대개는 거절만으로도 자신을 좋아하지 않거나 심지어 존중하지 않는다는 의미로 받아들인다.

더 큰 문제는 스스로도 자신이 중요하지 않거나 좋은 사람이 아니라고 느낀다는 점이다. 이런 심리는 곧 무력감과 무능감으로 이어지고 분노와 상처를 야기한다. 그래서 이런 사람은 자기 자신을 억누르는 한이 있더라도 타인의 뜻을 맞추려 한다. 그 결과, 스스로 자기 인생을 고민과 갈등의 연속으로 몰아넣는다.

자기 자신을 억누르면서 원치 않는데도 'yes'라고 말하는 심리적 배후에는 '당신도 나를 거절하지 않겠지.'라고 생각하는 기대가 깔려 있다. 거절당하는 것이 두렵기 때문에 거절하지 않는 것이다. 또한 거절하지 않아야 선의라고 생각하는 주변의 기대에 부응하기 위해 원칙을 잃어버리고 무조건 타협하기도 한다. 나중에는 관성이 생겨서 타인에게 지나치게 신경쓰는 자신이 싫으면서도 같은 선택을 반복한다.

결국 인간관계에서 '좋은 사람'이라는 미명 하에 자신의 원칙을 점차 잃게 된다. 게다가 반드시 고수해야 할 것과 적당히 타협해도 될 것 사이의 경계가 모호해지면서 감히 거절할 줄도, 민망해서 거절할 줄도, 또 적절히 거절할 줄도 모르고 소위 '착한 성격'이라는 굴레에 묶여 무슨 일에든 흐릿하고 주관 없는 사람이 되어버리고 만다.

관용은 무원칙과 다르다. 물론 너그러운 사람이 되어야 하지만 최소한의 마지노선은 지켜야 한다. 적절히 거절하는 법을 배운다면 대부분의 거절은 상대에게 고의적으로 상처를 주는 행동이 아니라, 오히려 솔직하게 자신의 뜻을 밝히는 가장 성실한 방법이라는 사실을 깨닫게 될 것이다.

곰곰이 생각해보자. 가족이나 친한 친구가 크고 작은 부탁을 했을 때 거절한 적이 있는가? 겉으로는 아닌 척했지만 속으로는 떨떠름하게 부탁을 들어준 적이 있지 않은가? 그랬을 때 나의 솔직한 마음은 어땠는가?

거절하면 내가 그들을 사랑하지 않거나 신경 쓰지 않는다고 생각할까 봐 걱정하는 마음이 컸을 것이다. 반대의 경우도 마찬가지다. 다른 사람이 나의 부탁을 거절했을 때, 당신은 상대가 나를 신경 쓰지 않거나 존중하지 않는다고 느꼈을 수 있다. 사실은 그들이 정말 원치 않거나 전혀 할 수 없기 때문에 거절한 것인데도 말이다.

내가 다른 이를 거절할 수 있을 때 비로소 타인의 거절도 받아들일 수 있다. 타인에게서 자신의 가치를 확인하는 사람은 평생을 타인의 눈빛과 평가에 갇혀 살게 된다. 또한 타인의 인정이 절대적 기준이 되면 우리는 스스로를 긍정하기보다는 부정하기 쉬우며, 마침내 자기 자신을 긍정할 힘을 잃게 된다.

당신의 경계를 확실하게 정하고, 자기만의 원칙을 세우며, 진짜 내 의견을 과감히 표현하라. 이렇게 타인과 교류하면 처음에는 불가피하게 불쾌한 감정이 생길 수 있다. 그러나 끝까지 진실한 태도를 유지한다면 다른 사람도 조만간 당신의 처세 원칙을 인성하고 존중할 것이다.

최소한의 선만 건드리지 않는다면 당신은 모든 종류의 옳고 그름과 좋고 나쁨은 받아들이고 이해할 수 있다. 우리가 진정으로 추구해야 할 자아상은 자신도 기쁘고 남도 즐겁게 하는 진짜 '좋은 사람'이지, 마냥 '물러 터진 사람'이 아님을 기억하자.

1. 제발 날 좀 내버려둬!

오지랖이
태평양급이네!

─────사람은 이기적인 행동을 할 때가 있다. 하지만 자초지종도 모르면서 무조건 약자로 보이는 쪽의 편을 드는 사람이 너무나 많다. 이들은 '선량함'이라는 잣대를 들이대며 다른 사람에게 '착하게 살라.'는 식의 굴레를 억지로 씌운다.

지금부터 예로 들 장면은 많은 사람이 한 번쯤 들어봤거나 직접 겪어본 일일 것이다. 장면 하나, 물건을 사려고 줄을 서 있는데 당신보다 나이가 많아 보이는 사람이 새치기했다. 당신과 그 사람 사이에 입씨름이 벌어졌는데 누군가 끼어들며 말참견한다. "젊은 사람이 그렇게 시시콜콜 따지면 못쓴다.", "어르신에게 양보 좀 하면 어디 큰일 나냐." 등등.

장면 둘, 같이 일하는 동료가 영 제 몫을 하지 못하고 당신에게 큰 골칫거리를 안겼다. 결국 참지 못한 당신이 한마디 쏘아붙였더니, 그녀는 눈물 바람으로 쌩하니 나가버렸다. 그리고 반나절도 안 돼 회사에는 '아무개가 말을 못되게 해서 애먼 사람을 울렸다.'는 소문이 파다하게 퍼진다. 곧 다른 동료가 당신을 생각해주는 척 훈계를 늘어놓는다. "다 같은 동료인데 조금만 더 이해해주지 그랬어."라고.

장면 셋, 당신은 형편이 좋은 편이다. 그런데 어느 날, 외국인 노동자가 당신의 권익을 침해하는 일이 벌어졌다. 그에게 책임 소재를 따지려는데, 갑자기 같은 처지의 사람들이 나타나더니 당신을 비난한다.

"있는 사람이 더한다더니 어쩌면 그렇게 인정머리가 없죠?"

"불쌍한 사람이잖아요. 좀 너그러울 수는 없어요?"

"내가 웃는 낯으로 대했잖아요. 설마 웃는 얼굴에 침 뱉으려고요?"

정말 이상하다. 대체 언제부터 선량함이 마땅한 이치조차 무시해도 되는 면죄부가 됐을까?

대학 시절, 룸메이트와 같이 산 적이 있다. 동거인은 젊은 여자로, 부유한 가정에서 자란 덕에 대학에 오기 전까지는 집에서 쓰레기통 한 번 비워본 적이 없다고 했다. 그래서일까. 함께 살기 시작한 첫날부터 그녀는 방청소는 물론 각종 공과금 납부, 설거지, 화장실 청소 등 집안일에 손가락 하나 까닥하지 않았다. 말만 공동 거주지, 그녀는 공주나 다름없었고 나는 그녀의 시녀였다.

한번은 내가 아파서 일주일 동안 침대 신세를 지게 됐는데, 그사이 집은 온통 돼지우리가 됐다. 그녀가 일주일 내내 청소는커녕 쓰레기조차 버리지 않았던 것이다. 엉망인 집 안 꼴을 차마 보고 있을 수 없었던 나는 억지로 몸을 일으켜 청소하고, 쓰레기를 버리고, 산처럼 쌓여 있던 설거지를 해치웠다.

내가 바삐 움직이는 동안 내내 빈둥대던 그녀는 마침내 집이 깨끗해지자 기다렸다는 듯 사가지고 온 음식을 태연히 먹어 치우고, 썼던 컵과 그릇을 싱크대에 던지더니 그대로 나가버렸다.

결국 나는 폭발해서 그녀에게 길길이 화냈다. 하지만 결과적으로 나만 나쁜 사람이 되고 말았다. 그녀는 만나는 사람마다 붙잡고 내가 인정머리 없이 군다고 하소연했기 때문이다. 자신은 생전 처음 집을 나와 부모님과 떨어져 사느라 안 그래도 힘든데, 어려서부터 독립생활을 해서 뭐든 할 줄 아는 내가 좀 더 이해해주면 좋지 않겠냐는 것이 골자였다. 그녀의 말만 들은 한 동기는 내게 "마음을 넓게 써라, 착한 애가 왜 그랬냐."고 충고하듯 말했다.

그야말로 울 수도 없고, 웃을 수도 없는 상황이었다. 이 판국에 내가 그들에게 무슨 말을 하겠는가? 그저 입 다무는 수밖에….

사회생활을 하면서 나는 이런 일을 훨씬 자주 접했다. 어떤 사람들은 비판적인 사고 없이 그저 불쌍해 보이는 편에 서면 그만이라고 생각한다. 내가 볼 때 그런 사람들이 타인에게 '착함의 굴레'를 씌우는 이유는 단순하다. 이치를 따지는 것보다 착함과 나쁨을 따지는 편이 쉬워서일 뿐이다.

인터넷의 발달로 각종 정보와 소식을 접하기 쉬운 요즘에는 이런 종류의 '오지랖'이 더욱 광범위하게 횡행한다. 가끔 언론사의 논설이나 평론을 보면 '돈만 있으면 누가 강도질을 하겠는가.'라는 식으로 가해자를 옹호하는 듯한 논조가 등장한다. 사실 피해자 입장에서 생각한다면 이것만큼 몰상식한 소리도 없다.

고통받는 사람이 있다는 사실을 무시하고 홀로 도량이 넓은 척, 이해심이 많은 척 관용을 운운하는 것은 진실한 선량함이 절대 아니다. 게다가 이런 사람일수록 정작 자신이 조금이라도 손해를 볼라치면 금방 애가 달아 발을 동동거리지 않던가.

무지는 악이다. 어떤 일은 원인이 결과보다 중요하지만, 반대로 결과가 원인보다 훨씬 중요한 일도 많다. 남에게 해를 입히거나 타인의 권익을 침해하는 일은 더더욱 그렇다. 이 사실을 깨닫고 난 후 나는 이제 나의 선량함을, 이치를 무시하는 몰상식한 약자의 방패로 내주지 않겠다고 결심했다. 그리고 "그 사람은 무심코 저지른 실수다.", "좋은 뜻으로 시작한 일이 잘못된 것뿐이다.", "몰라서 그런 거다, 그러니 이해하자." 따

위의 말에 귀 기울이지 않기로 했다. 즉, 이치를 명백히 따지
는 사람이 되기로 했다.

진정한 선, 혹은 진실에만 신경 쓰기로 한 것이다. 남의 말
한마디에 원칙도 없이 휩쓸리고, 스스로를 억압하면서 '유약한
것이 곧 선량함'이라는 식의 사고방식에 매인 사람에게 휘둘리
고 싶은 마음은 추호도 없다. 진정으로 착한 사람이 소위 선량
함이라는 명분 때문에 옴짝달싹 못하는 것만큼 우스운 일도 없
지 않겠는가.

여동생이 차를 사고 싶다며 돈을 빌려달라고 했을 때, H는 차마 거절하지 못했다. 그래서 여기저기서 돈을 빌려 동생에게 건네주었다. 그 후 그녀는 허리띠를 졸라매고 꼼꼼히 가계부를 써가며 힘겹게 돈을 갚았다. 1년 만에 겨우 빚을 다 갚고 한숨 돌리려는 찰나, 기다렸다는 듯 집을 사고 싶다며 동생이 또 손을 벌려왔다. H는 저도 모르게 벌컥 화냈다.

"내가 돈이 어디 있어? 먹고 죽으려도 없어!"

결국 자매는 크게 싸웠다. 여동생은 홧김에 자동차를 팔아 전에 빌렸던 돈을 모두 갚았고, 이후로도 오랫동안 그녀와 말을 섞지 않았다. 하지만 H는 오히려 뭐라 설명할 수 없는 묘한 해방감을 느꼈다.

혹시 당신도 다른 사람의 바람을 이뤄주려 애쓰다가 훨씬 중요한 자기 인생을 헛되이 보내고 있지는 않은가? 정 때문에, 또는 체면 때문에 자기 생각을 명확히 밝히지 않았다가 결국 나도, 남도 마음이 상하는 상황을 자초한 적은 없는가?

때로는 듣기 싫은 말도 할 줄 알아야 한다. 그래야 상황이 통제할 수 없는 쪽으로 굴러가는 사태를 막을 수 있다. 더구나 스스로 자기 위치를 지나치게 낮추거나 하기 싫은 일을 억지로 해가며 다른 사람의 비위를 맞출 필요는 더더욱 없다. 이는 선한 것이 아니라 유약한 것일 뿐이다.

부탁을 받았을 때 그것이 내 능력 범위 안에 있다면 도와줘도 되지만, 능력 범위를 벗어난 일이라면 과감히 거절해야 한다. 내가 겪을 수 있는 리스크와 감당할 수 있는 책임을 명확히 하라는 것이다. 그 누구도 타인의 욕구를 이뤄주기 위해 억지로 참고 견뎌야 할 의무는 없다.

그러나 실제로는 자기 생각을 솔직하게 밝히거나 소위 '싫은 소리'를 못하는 사람이 너무나 많다. 그 때문에 관계를 망치는 일도 부지기수다. 나의 동료들만 봐도 그렇다.

서로 알게 된 지 얼마 되지 않았을 때부터 J는 L에게 이것저것 부탁해댔다. PPT 제작을 도와 달라거나 계획서를 같이 작성하자는 등 업무 부탁은 물론이고, 심지어 함께 밥을 먹으러 가서는 은근슬쩍 L에게 계산서를 내밀었다.

물론 L은 자기 뜻과 상관없이 남에게 휘둘리는 상황이 매우 불편했지만 괜히 사이가 껄끄러워질까 봐 반년 동안 묵묵히 참기만 했다. 그러다 결국 안 되겠다 싶었는지 몰래 피하는 쪽을 택했는데, 이런 행동이 오히려 J를 자극하고 말았다. 그때부터 J는 일부러 사사건건 L에게 어깃장을 놓으며 회사 내에서 그녀의 입장을 몹시 곤란하게 만들었다.

사적이든 직장에서든 뒤탈 없는 인간관계를 만들려면 처음에는 소인처럼 깐깐하게 굴고 나중에는 군자처럼 대범하게 행동해야 한다. 다소 까다롭게 보일지라도 초반에 미리 자신이 원치 않는 상황과 반드시 지켜줬으면 하는 점들, 도움을 청하고 받는 범위 등을 솔직히 밝혀두자. 이후에 여러 가지 사소한 일로 갈등이 발생할 위험을 줄일 수 있다.

물론 처음부터 이런 이야기를 하는 게 쉬운 일은 아니다. 상대에 따라 기분 나쁘게 들을 수도 있다. 그러나 이러한 사전 조치를 통해 인간관계를 이성적으로 유지할 수 있음은 물론 예기치 않은 일로 야기할 수 있는 실망과 분노를 미리 방지할 수 있음을 기억하자.

사실 우리가 살면서 겪는 수많은 갈등은 애초에 '싫은 소리'를 하지 않았기 때문에 생긴다. 상대의 기분을 신경 쓰고, 남을 곤란하게 하거나 실망시키지 않으려 배려하는 것은 물론 좋은 태도다. 그러나 진짜 내 생각을 밝히기 두려워 무조건 남에게 맞추기만 한다면, 이는 타인의 인정과 칭찬에 지나치게 의존하고 있다는 증거다. 다시 말해 자기를 긍정하고 인정할 줄 모르는 것이다.

내적인 자기만족이 이뤄지지 않을 때 사람은 외부에서 만족을 찾으려 애쓴다. 그 결과 다른 사람에게 끊임없이 'yes'라고 말함으로써 가짜 자존감을 유지하는 데 길들여진다. 자신이 베푼 '선의'에 대한 보답으로 다른 사람이 보여주는 인정과 감사, 긍정의 제스처에서 자기 존재감과 가치감을 얻는 셈이다.

한편으로는 남에게 맞추기로 마음먹으면 자기 행동에 책임지지 않아도 된다는 심리가 작용한다. 그렇기에 자신의 결정이 합리적인지, 이성적인지, 앞으로 어떤 예측할 수 없는 후환을 불러올지 전혀 생각하지 못한다.

평소 억울한 일을 당해도 적당히 타협하고 넘어갔다가 후회하기 일쑤였던 S. 그녀는 얼마 전 자신의 이런 성향 때문에 사랑하는 남자친구와 영영 헤어질 뻔했다.

S와 남자친구는 수년간 낭만적인 연애를 했고, 줄곧 좋은 감정을 유지해왔다. 마침내 결혼 이야기가 오가기 시작한 후, 그녀는 남자친구의 부모님이 신혼집 마련에 대한 논의를 자꾸 피한다는 인상을 강하게 받았다. 그녀는 일단 혼자서 집 문제를 해결하기로 했다. 자신은 가정형편이 넉넉하고 또 어차피 가족이 될 사이인데, 나중에 잘 이야기해서 해결하면 되겠거니 생각한 것이다. 그래서 혼자 힘으로 신혼집 계약금을 내고

대출을 받았다. 집 명의는 공동으로 했다. 나중에 남자친구의 가족과 함께 의논해서 대출금을 상환할 계획이었기 때문이다.

그러나 결혼식이 코앞에 닥쳐서야 S는 남자친구의 아버지가 사업이 망해 엄청난 빚을 졌고, 지금은 신용불량자라는 사실을 알게 됐다. 그녀는 남자친구가 문제 해결에 발 벗고 나서주기를 바랐지만, 바람과 달리 그는 자기 집에는 기대할 수 없으니 어쩔 도리가 없다며 수수방관했다.

그녀는 혼란에 빠졌다. 믿었던 남자친구가 자신의 사정을 전혀 고려해주지 않는다는 점이 가장 실망스러웠다. 남자친구에 대한 회의까지 들었다. 과연 이 결혼을 해도 되는 것일까?

나는 먼저 남자친구의 결심부터 확인해보라고 조언했다. 어쨌든 그녀가 결혼할 사람은 남자친구지, 그의 아버지가 아니었다. 그의 아버지가 빚을 졌든 신용불량자가 됐든 궁극적으로는 아무 상관이 없는 일이었다. 영향이 있다면 아버지의 파산 문제가 정리돼도 두 노인의 기본적인 생활비와 병원비, 약값 등을 이들 부부가 책임져야 한다는 정도였다.

그래서 나는 싫은 소리를 할 수 있는 용기만 있다면 먼저 혼전계약서 작성을 요구하라고 했다. 신혼집 문제와 향후 부모님 부양 문제 등을 미리 논의해서 결혼 후에 두 사람의 가정에 미칠 경제적 영향을 최소화하라는 의미였다. 처음부터 카

드를 모두 꺼내 보이고 면밀하게 따지고 준비하는 편이 나중에 이러지도 저러지도 못하는 상황에 빠져서 허둥대는 것보다 훨씬 이득이라는 말도 덧붙였다.

결혼하기 전에 서로 태도를 명확히 하고 최소한의 선을 정해도 크게 문제될 것이 없는 상황이었다. 혹 원치 않는다면 헤어져서 각자의 길로 가면 될 일이었다. 두 사람이 함께 살다 보면 가장 최근에 했던 말만 생각날 뿐, 예전에 했던 약속 따위는 기억나지 않는다.

처음부터 이 사람에게 모든 것을 건다는 식으로 최소한의 선도 없이 다 양보해버리면, 두 사람 관계를 평등하게 정립할 기회를 영영 잃고 만다. 건강한 인간관계는 의존성과 독립성이 균형을 이룰 때 비로소 가능하기 때문이다.

S는 내 조언을 성실히 따랐다. 먼저 스스로 원하는 바를 생각한 뒤, 남자친구와 그의 가족에게 자신이 '원치 않는 것'과 '안 되는 부분'을 솔직히 밝혔다. 그러자 그동안 답답했던 가슴이 후련해졌다. 일도 술술 풀리기 시작했다. 사실 남자친구의 가족은 형편이 워낙 나쁜 터라 아들만이라도 안정적으로 자리 잡기를 바라고 있었다. 그래서 별다른 반대 없이 혼전계약서 작성 등 요구하는 바를 받아들였다.

만약 그녀가 여태껏 해오던 대로 대처했으면 어떻게 됐을까? 아마 두 사람의 사랑과 결혼은 결코 좋은 결말을 맺지 못했을 것이다. 이 일을 겪은 뒤 S는 자기 자신의 감정을 존중하는 데 사실은 그렇게 많은 이유가 필요치 않다는 사실을 깨달았다고 고백했다.

그 후로 그녀는 많이 달라졌다. 일이 바쁠 때면 동료에게 이번 주는 이미 업무가 꽉 찼으니, 연결되는 업무는 다음으로 미뤄달라고 예의 바르게 요청했다. 또 피곤할 때면 퇴근 후 남편에게 오늘은 집안일을 하지 않겠다고 말했다. 프로젝트에 문제가 생기면 팀장을 찾아가 도움을 구하거나 처음부터 요령 있고 합리적으로 더 많은 지원을 확보할 줄도 알게 됐다.

그녀가 가장 놀란 점은 동료, 친구, 가족들이 변한 자신을 비난하기는커녕 오히려 사전에 그녀의 의견을 묻기 시작했다는 것이다. 뿐만 아니라 그녀는 이전보다 더 많은 존중과 중시를 받게 됐다.

당신이 두 발을 힘차게 내딛을 때, 다른 사람이 보일 반응은 의외로 당신 상상처럼 부정적이거나 나쁘지 않을 수 있다. 그러니 진짜 내 생각을 표현하라. 의존하지도, 비위 맞추지도 말라. 자유롭게 달리는 법을 배운 사람만이 인생의 봄날을 마음껏 누릴 수 있다.

왜 늘 나만
이해해야 돼?

──── 에세이나 자기계발서를 보면 대개 이런 식으로 우리를 타이른다. 타인의 불친절함으로 상처 입거나 원망이 생길 때는 먼저 내 생각을 바꿔서 남을 이해하는 법을 배우라고. 착하게 살면 복을 받고 선한 이는 반드시 선한 보답을 얻기 마련이니, 당신 스스로가 먼저 더 좋은 사람이 되라고. 그러면 세상도 훨씬 좋아질 것이라고.

솔직히 따져 묻고 싶다. 왜 늘 나에게만 남을 이해하라고 요구하는가? 아직 내 마음의 상처가 아물지 않았는데, 어떻게 진심으로 다른 사람의 입장을 배려할 수 있겠는가? 나도 아직 일어서지 못했는데, 무슨 수로 남을 부축해 일으킬 생각을 하라는 것인가?

여태껏 사회는 우리에게 막판 스퍼트를 올려서 성공하는 방법과 더욱 강하고 선한 사람이 되는 법만 죽어라 가르쳤다. 그러나 어떡하면 실패해도 존엄성을 지킬 수 있는지, 속살이 드러나도록 무릎이 깨졌을 때는 어떻게 상처를 치료하는지, 유리처럼 산산이 부서진 마음을 회복시키는 법은 무엇인지 전혀 알려주지 않았다.

처절하게 상처 받고 피눈물이 흐르는 상황에서 무슨 힘으로 자신에게 상처 준 사람을 선량함으로 대할 수 있겠는가? 마음은 아직 피를 철철 흘리는데, 대체 무슨 정신으로 내면 깊은 곳에 평정을 얻으라는 말인가?

여기, 부모님 이야기만 나오면 눈물을 펑펑 쏟는 딸이 있다. 해묵은 상처가 아직 그대로인 탓이다. 남들 눈에 비친 그녀의 아버지는 착한 사람이었다. 유기견을 거둬 기르면서 한겨울에 개가 추울까 걱정되어 자다가도 몇 번씩 일어나 개의 잠자리를 살피는 사람이었다. 개가 차에 치여 다쳤다는 소식을 들었을 때는 하던 일을 멈추고 집으로 달려와 직접 동물병원에 데려갔고, 수술을 받아야 한다는 말을 들었을 때는 눈물을 흘렸다.

하지만 그녀의 아버지는 개에게 보인 따스함의 절반도 가족에게 베풀지 않았다. 개를 다치게 됐다는 이유로 아내를 세게 밀쳐 넘어뜨렸고, 그 바람에 아내가 침대 모서리에 허리를 부딪쳐 병원 신세를 지게 됐다. 그런데도 아버지는 단 한 번도 입원실을 들여다보지 않았다.

그런가 하면 그녀의 어머니는 무척 예민해서 아주 사소한 일로도 소리 지르며 그녀를 쥐 잡듯 잡았다. 이런 어머니 탓에 그녀는 고요한 환경에 비정상적일 정도로 집착했다. 심할 때는 다른 사람이 옆에서 소곤거리는 소리조차 잘 견디지 못했다. 한동안 직장에서 전화벨 소리 때문에 시달리기도 했는데, 전화가 많이 걸려오는 날이면 하루 종일 벌벌 떠는 지경이었다.

이런 그녀이니 만큼, 어린 시절에 대한 기억이 좋을 리 없었다. 그래서 어렸을 때를 그리워하는 남들과 달리 그녀는 어른이 되었음에 안도하고 또 안도했다. 그녀에게는 이 세상 어디라도 사랑과 애정이 존재하지 않았던 어린 시절 집보다는 안락하고 따스했기 때문이다.

나는 그녀가 그 고통을 어떻게 견뎌냈는지는 잘 알지 못한다. 다만 어렸을 때 애정결핍에 시달렸던 사람일수록 '착해지기' 쉽고, 또 남에게 '속기 쉽다'는 말은 있다. 누군가 자신에게 조금만 잘해줘도 금방 감동해서 믿고 따르기 때문이다.

나는 내가 타인을 어떻게 대하느냐에 따라 타인이 나를 대하는 태도가 정해진다고 믿는다. 마찬가지로 나의 안위를 전혀 배려하지 않는 상대라면 나 역시 굳이 상대의 안위를 배려할 필요가 없다. 그녀도 그러려고 노력했지만, 가족이라는 이유로 그러지 못했다. 가족이 어떻게 대하든 그녀는 끝까지 그들을 무시하지 못했다. 그래서 한동안은 가족의 기대에 맞춰 좋은 집안에 시집갈 기회를 찾아 헤맸다. 하지만 결국 그녀가 사랑에 빠진 사람은 가난뱅이였다.

남자는 가난했지만 그녀가 마음으로 간절히 바라던 모든 것을 채워줬다. 그는 그녀에게 보호받고 사랑받는다는 느낌을 줬으며, 그녀를 인정하고 존중해줬다. 심지어 그를 만난 후에 그녀는 자신에게도 말할 권리가 있다는 사실을 새삼 깨달았다. 그녀로서는 놀랍고, 감격스럽고, 무엇보다도 만족스러운 변화였다. 그래서 이후에 극도로 힘든 시기가 왔을 때도 그녀는 끝까지 그와 헤어지지 않았다.

상대가 어렵고 힘든 때에 끝까지 그 곁을 지키는 것만큼 선량해 보이는 행동이 어디 있을까. 그러나 진상을 낱낱이 파헤쳐보면 전혀 다른 이야기가 나타난다. 사실 그녀의 남자친구는 '쓰레기'였다. 또 그녀가 남자친구를 떠나지 않은 이유는 그를 정말 사랑해서가 아니었다. 단지 그와 함께 있으면 자신이 존엄성을 지닌 존재로 느껴졌기 때문이었다. 더는 누군가에게 욕을 듣거나 모욕당하거나 '도덕적' 잣대로 평가받지 않아도 된다는 느낌을 받았기 때문이었다. 결국 한 번도 좋은 대우를 받아본 적이 없는 그녀는 이런 종류의 '선량함'을 선택하는 것이 가장 지혜롭고 당연한 일이었던 것이다.

엄격히 말하면 그녀에게는 진정한 사랑과 선함을 베풀 능력이 없었다. 그렇다고 그녀를 탓할 수는 없는 일이다. 애초에 멀쩡한 다리를 뭉텅 잘라놓고 왜 제대로 걷지 못하냐고 비난해서야 되겠는가. 어쩌면 겉모습이 빛나는 당신도 속은 그녀와 같을지 모른다.

중국의 여류 소설가 장샤오셴張小嫻은 혈육 간의 정도 얼마든지 불평등할 수 있다고 했다. 만약 운 좋게 당신을 매우 사랑해주는 부모를 만났다면, 당신이 아무리 함부로 대해도 부모는 끝까지 포기하지 않고, 사랑으로 기다려줄 것이다. 그러나 반대로 아이가 부모의 사랑을 간절히 바랄 때 부모가 차갑게 밀쳐냈다고 해보자. 수년이 흐른 뒤에 부모가 아이에게 다시 사랑을 주려고 한들 뜻대로 되기 어렵다. 아이가 이미 포기해버렸기 때문이다. 이렇듯 아무리 부모 자식 간이라 해도 상대가 가장 필요로 하는 때에 사랑을 주지 않고, 나중에서야 관계를 회복하려는 것은 아무 의미가 없다.

나는 여전히 선량함이 하나의 능력이라고 믿는다. 비록 조금은 과장된 측면이 있다고 해도 말이다. '선량함은 마음에서 나오며, 하나의 선택'이다. 그러나 남이 요구하는 대로 무조건 들어주고 따르는 것은 겉보기엔 선량해 보여도 절대 정상적인 행동이 아니다. 비록 당신의 선량함이 타고난 품성이라고 해도, 그 전에 먼저 자신에게 그 선량함을 뒷받침할 능력이 있는지를 생각해봐야 할 것이다.

미리 사과하겠다. 나는 나를 좋아하는 사람만 좋아하고 내게 잘하는 사람에게만 잘한다. 어떤 행동에 대해서는 그저 영원히 이해만 할 수 있을 뿐, 절대 그냥 내버려두거나 눈감아줄 수 없다. 특히 자신이 옳다고 생각하는 방식을 고집하며 잘해준다고 하지만, 사실은 강압과 난폭으로 나를 대하는 사람들에게는 더더욱 그렇다.

진정한 선량함은 상대를 불편하게 하지 않으면서 상대가 도움을 필요로 할 때 전력을 다해 돕는 것이다. 그 어떤 사람도 자신의 '호의'나 자신이 옳다고 생각하는 도덕적 틀을 남에게 강요할 권리는 없다. 나 역시 나 자신이나 남에게 이런 '착한 죄'를 짓지 않기 위해 늘 노력한다.

살다 보면 좋은 일이 생길 수도 있고 나쁜 일이 생길 수도 있다. 또 착한 사람을 만나거나 못된 사람을 만날 수도 있다. 인생에는 이런 만남이 빈번하다. 어쩌면 그때 당신에게는 그것을 감당할 힘이 없을 수도 있고, 혹은 당신을 대신해 감당해줄 이가 없을 수도 있다. 그런 경우라면 부디 기억하길 바란다.

어쨌든 이런 일은 피할 수 없고, 자기만의 관점과 생각을 고집하며 상처 주는 사람과는 실랑이해봤자 아무 소용없으니 끝까지 녹다운되지 않도록 노력하는 길이 최선이다. 그리고 굳세게 견뎌낸 다음에도 굳이 자신에게 상처 준 사람을 용서할

<u>필요는 없다.</u>

어느 날, 마침내 모든 상처를 이겨내고 나 자신이 진정으로 강해졌다면 그것으로 족하다. 굳이 '아무개가 이토록 깊은 상처를 준 덕에 오늘의 내가 될 수 있었다.'고 생각하지 않아도 된다. 당신이 오늘날 이토록 훌륭한 사람이 된 까닭은 온전히 당신 자신이 강해서이지, 과거에 누군가 당신을 때려눕혔기 때문은 아니다.

때로는 당신에게 상처 주고 해를 입힌 사람이 자기 잘못은 까맣게 모른 채 왜 이리 나약하냐고, 왜 더 분발하지 않느냐며 오히려 당신을 탓하기도 한다. 혹시 운 나쁘게 이런 사람을 만났다면 홀로 모든 고통과 고난을 견뎌내는 수밖에 없다. 그렇다고 비관에 빠지지는 마시라. 덕분에 이 세상을 살아가는 지혜를 한 겹 더 쌓게 되지 않았는가.

힘이 없을 때는 나를 진심으로 선하게 대하는 사람에게만 착하면 된다. 반대로 내게 힘이 있을 때는 이 세상에 나를 선하게 대하지 않을 이가 없고, 또 내가 선하게 대하지 못할 사람이 없다. 당신도 이 사실을 곧 체험하게 될 것이다.

우리가 겪는 수많은 갈등은 애초에
'싫은 소리'를 하지 않았기 때문에 생긴다.

진짜 내 생각을 밝히기 두려워
무조건 남에게 맞추기만 한다면,
타인의 인정과 칭찬에
지나치게 의존하고 있다는 증거다.

아니라고 말하는 게
뭐가 어때서

━━━━━늘 배려하고 사느라 답답하고 울적하지 않은가? 생각지도 못한 공격에 당황하는 경우가 종종 생기지 않는가? 곤란한 상황에 빠져도 어떻게 헤어 나와야 할지 몰라 발만 동동 구르지는 않는가?

이 모든 불행은 어쩌면 '내면의 아이' 탓인지 모른다. 혈기왕성하지만 또 너무 연약하기도 한 그 아이가 '착한 사람 되기'라는 놀이를 하고 있기 때문인지도 모른다.

그 결과 당신은 다른 사람의 일거수일투족을 자신의 원칙에 비추어보고, 모든 일에 남을 먼저 생각하며, 선의를 발휘해 이리저리 잘못을 고쳐주려 한다. 동시에 이를 통해 '인정'을 얻으려 한다. 그러다 상대에게서 기대했던 반응을 얻지 못하면, 곧 온 세상이 자신을 이해해주지 않는 듯한 느낌에 사로잡힌다. 그토록 많은 선의를 베풀었는데 고통으로 보답을 받는다고 느끼는 것이다.

그럼에도 당신은 이렇게 사는 법밖에 모른다. 이런 식으로 타인과 교류해야만 내면 아이의 왕성한 혈기가 비로소 해소되기 때문이다. 그러나 이것이 당신을 무한한 고통 속으로 끌어들이고 있음은 전혀 알지 못한다.

이런 일이 반복될수록 명확해지는 사실은 하나다. 바로 일방적인 양보와 인내, 타협은 현재 상황을 개선하는 데 아무런 도움도 되지 않는다는 사실이다. 그럼에도 이런 방식을 계속 고수한다면, 상대에게 더욱 뻔뻔하게 당신의 권리를 침해해도 된다는 사인을 주는 셈이다.

D의 아버지는 중소기업 사장이다. 대학을 졸업한 후, 그녀는 아버지의 회사에 들어가 편하게 일하는 대신 다른 회사를 다니며 자기 자신을 좀 더 단련하기로 결심했다. 먼저 능력과 실력을 갖춘 뒤에 아버지 회사에서 좀 더 높은 직책을 맡는 편이 좋겠다고 판단한 것이다. 아버지 역시 그녀의 의견에 찬성했다. 그래서 그녀는 아버지 친구의 소개를 받아 몇몇 회사에 이력서를 넣었고, 마침내 한 회사에 취직했다.

처음 한두 달은 모든 것이 순조로웠다. 아버지의 친구인 부서 팀장이 많이 배려해주기도 했지만, 그녀도 꽤 실력이 있었기에 즐겁고 신나게 일할 수 있었다.

그러나 2달 후, 원래 팀장이 승진하고 새로운 팀장이 오면서 그녀의 일상은 180도 달라지고 말았다. 새 팀장이 그녀에게 모두가 기피하는 고된 업무를 몰아주었기 때문이다. 그 탓에 그녀는 몇 날 며칠을 괴로움에 시달렸다. 차라리 그만둘까 싶기도 했다.

그러나 이 회사에 들어오기까지의 과정과 전임 팀장이 자신에게 보여줬던 신뢰를 생각하니 차마 그럴 수가 없었다. 게다가 자신도 여기서 하는 일이 좋았고, 좀 더 실력을 기르고 싶다는 욕심도 있었다. 만약 이 시점에서 포기하고 나간다면 전 팀장은 물론 아버지를 실망시키게 될 테고, 무엇보다도 새 팀장이 의도한 대로 되는 결과였기 때문에 더 견뎌보기로 했다.

하지만 멍청히 당하고 있을 수만은 없었다. 이런 상황이 계속됐을 때 자신이 얼마나 더 견딜 수 있을지도 모르는 일이었다. 뭔가 행동을 취해서 스스로 흔들리지 않는 확고한 기반을 확보해야 했다.

그러던 어느 날, 팀장이 중요한 서류를 잃어버렸다. 그런데 어찌된 일인지 그녀의 책상에서 그 서류가 나왔다. 팀장은 이 기회를 놓치지 않고 이야기 좀 하자며 그녀를 불러들였다. 그런데 그가 예상치 못한 상황이 벌어졌다. 그녀가 강하게 반발하며 이렇게 말한 것이다.

"정확한 진상이 파악되기 전까지는 함부로 단정 짓지 마세요. 제가 가져갔다는 증거나 정황이 있나요? 분명히 말씀드리지만 제게는 팀장님의 서류를 가져갈 이유도, 시간도 없었습니다. 또 한 가지, 아무리 팀장님이라도 허락 없이 팀원의 책상을 뒤질 권리는 없으세요. 마지막으로 한 가지 더 말씀드리자면 저, 상부에 정식으로 문제 제기할 생각입니다. 직원마다 주어진 업무 시간은 같아요. 그런데 팀장님은 언제나 저한테 다른 동료의 몇 배가 넘는 업무를 배정하셨죠? 이건 불합리해요. 제게는 불합리한 대우를 시정해달라고 요청할 권리가 있습니다."

머리끝까지 화가 난 팀장은 한바탕 난리를 쳤지만 결국 입을 다물고 말았다. 그녀의 말이 구구절절 옳았기 때문이다. 상대가 호락호락하지 않다는 것을 감지했는지, 그날 이후로 팀장의 태도는 조금 달라졌다.

D는 여기에서 만족하지 않고 팀장이 자신의 실력을 인정할 수밖에 없도록 만들겠다고 결심했다. 그래서 업무에 더욱 신중을 기하고 열정을 쏟아서 팀장이 시킨 일을 도무지 흠잡을 데가 없을 정도로 완벽하게 처리했다. 결과적으로 그녀의 업무 성과도 가파른 성장 곡선을 그렸고, 여러 프로젝트에서 연달아 우수한 성적을 올렸다. 원래 그녀를 잘 알지 못하던 사장이 그녀를 다 알아보고 미소 지으며 격려의 말을 할 정도였다.

그녀는 온건함과 강경함을 동시에 발휘해서 새 팀장의 부당한 괴롭힘을 효과적으로 이겨냈다. 나약하게 굴지도, 그렇다고 오만하게 굴지도 않았다. 잠자코 견디면서 기회를 기다렸으며, 마침내 자신의 권리를 지켰다. 또한 자신의 인내심과 한계선을 상사에게 명확하게 제시함으로써 상대가 자신을 함부로 대하지 못하게 했다. 지혜를 발휘해서 자기 자신을 보호하는 동시에 상사와 공존할 수 있는 길을 찾은 것이다.

혹시 무조건 다른 사람을 먼저 배려하는 것을 선량함이라고 생각하는가? 자기 이익을 포기하고 억울한 상황에서도 참고 견디면, 상대가 나를 이해해주고 심지어 감동받을 것이라고 생각하는가? 그것은 큰 착각이다. 최소한의 기준조차 없는 선량함과 허용, 양보는 나 자신을 학대하는 것이나 다름없다. 상대에게 마음껏 나를 궁지로 몰아가도 좋다고 허락하는 셈이기 때문이다.

중국 유명 작가 싼마오三毛는 이렇게 말했다.

"때로는 자기 자신에게 잔인해짐으로 상처와 실망이 나를 함부로 휘두르지 못하게 해야 한다. 때로는 나를 깊이 사랑하는 사람에게 잔인해짐으로 그들이 준 사랑의 기억을 잠시 잊어야 한다."

대학 시절, 한 동기 여학생이 유학 문제로 남자친구와 다투고 헤어진 일이 있었다. 그녀는 헤어지자마자 모든 연락 수단에서 남자친구를 차단했다. 또한 기숙사 문 앞에서 기다리던 그에게 찬물을 쏟아 붓기도 했다. 당시 같은 기숙사에 있던 여학생들은 모두 그 남자를 동정했고, 그녀가 너무 모질다고 수군댔다. 그러나 그 후로 꽤 오랜 기간 동안, 한밤중이면 작은 고양이처럼 숨죽여 우는 소리가 기숙사의 고요한 밤공기를 흔들었다. 울음소리는 끊어질 듯하면서도 하염없이 이어졌다. 주인공은 물론 그녀였다.

대학을 졸업한 뒤 그녀는 박사 공부를 하러 미국으로 떠났다. 나중에 우연한 기회로 그녀를 만나 당시 일에 대해 물었다. 그때 그에게 왜 그리 모질었느냐고 묻자 그녀는 쓸쓸하게 웃었다.

"그 사람한테 모질었던 게 아냐. 나 자신한테 모질게 한 거지."

알고 보니 그녀는 남뿐만 아니라 자기 자신에게도 끌려다니지 않는 현명한 사람이었다. 대다수 유약하고 선량한 여성들이 그렇듯이, 끊어내야 할 순간조차 어쩔 수 없다는 핑계를 대며 질질 끌려다니다가 애정의 밑바닥까지 소진해버리는 우를 범하지 않은 것이다.

잠시 포용하고 양보하는 일은 누구나 할 수 있다. 특히 나의 한계선을 넘지 않는 범위에서라면 얼마든지 웃으며 넘길 수 있다. 문제는 상대가 한계선을 넘는 경우다. 이 경우, 만약 상대와 진심으로 잘 지내고 싶다면 무조건 참고 끌려다니지 말고 내가 인내할 수 있는 한계선을 명확히 알려야 한다. 만약 상대도 나와 잘 지낼 마음이 있다면 그 한계선을 존중할 것이다. 그래야 두 사람의 관계가 더욱 나은 방향으로 발전할 수 있기 때문이다.

인간관계를 잘 유지하기 위해서는 양쪽 모두의 노력이 필요하다. 이는 쌍방 간의 의무다. 그렇기 때문에 피곤한 인생을 살고 싶지 않다면 상대에게 책임을 다하라고 과감히 요구할 줄 알아야 하며, 관용을 베푸는 동시에 무조건 끌려다니지 않고 'no'라고 할 수 있는 법을 배워야 한다.

타인을 과도하게 '허용'하는 것은 자신에 대한 학대다. 온화하고 선량한 것도 좋지만, 필요하다면 자신을 위해 싸울 수 있는 무기인 '까칠함'도 갖춰야 한다. 기억하자. 강해야 할 때는 강하게, 부드러워야 할 때는 부드럽게 변할 줄 아는 사람만이 인간관계에서 자신을 지킬 수 있다.

──────세상에서 가장 고통스러운 사람은 누구일까? 자기 뜻대로 사는 방법은 모르지만 그렇다고 남의 간섭을 받고 싶지도 않은 사람, 살면서 그나마 획득한 통제력과 소유물을 잃지 않기 위해 어쩔 수 없이 늘 다른 사람의 요구에 맞춰 움직이는 사람. 이런 사람들은 타협하면서도 항상 고통에 시달린다. 현실을 변화시킬 힘이 없는 무력한 자신이 원망스럽기 때문이다.

사람이 고통스러운 이유는 단순히 자기 삶을 통제하지 못해서가 아니다. 근원은 '자존감'을 상실한 데 있다. 자신의 가치가 어디 있는지를 모르면 자연히 무엇을 고집해야 할지, 무엇을 위해 살아야 할지, 무엇을 향해 노력해야 할지도 알 수 없다. 그렇다 보니 어쩔 수 없이 다른 사람이 정해준 길을 따르거나 본능적인 욕구에만 충실해서 살아가게 된다.

때로 우리는 현재 당면한 환경과 반드시 타협해야 한다는 생각에 사로잡힌다. 그래서 화목하든 화목하지 않든 가정을 지키고, 좋아하든 싫어하든 하던 일을 계속하며, 원하든 원치 않든 몇몇 사회적 관계를 유지한다. 좀 더 구체적으로 이야기 해보자.

장면 하나. 당신은 아내의 행동이 사사건건 마음에 안 들지 만 부모를 안심시키기 위해 부득불 참는다. 당장이라도 이혼 하면 좋겠지만, 억지로 같이 살며 그녀의 끝없는 잔소리와 원 망을 견딘다.

장면 둘. 아이에게 온전한 가정을 주기 위해 당신은 가난하 고 무능한 남편과 함께 산다. 사람 보는 눈이 없어서 이런 남 자에게 시집온 자기 혀를 깨물고 싶고 당장이라도 헤어져서 내 살 길을 찾고 싶지만, 남편의 뒤치다꺼리를 하면서 고통을 참 고 살아간다.

장면 셋. 당장의 안정적인 생활을 지키기 위해 당신은 힘든 업무와 까탈스러운 몇몇 동료의 행동을 참는다. 지금 하는 일 이 너무나 싫어서 아침에 눈뜰 때마다 그만두고 싶다는 생각이 간절하다. 그러나 또다시 피곤한 몸을 이끌고 만원 전철에 꾸 역꾸역 자신을 욱여넣는다. 제발 지각만은 면하길 바라면서, 우수상은 못 타도 근속상은 타는 직원이 되길 바라면서.

장면 넷. 가족의 기대에 부응하기 위해 당신은 자신이 좋아 하는 일을 포기하고 철밥통이지만 지루하기 짝이 없는 직업을

선택한다. 사실 내 인생이 남의 뜻에 따라 좌우되는 것을 원치
않지만, 그래도 나를 사랑하고 나를 위해 고생한 가족을 생각
해서 싸우기를 포기한다.

4가지 사례에서 공통적으로 나타난 말은? 바로 '…을 위해
서'다. 많은 사람이 이 같은 이유로 자신은 현 상황에 안주할
수밖에 없다고 변명한다. 문제는 그때의 심리 상태다. 이 말을
하면서 스스로가 무력하다고 느끼거나 심지어 원망이 생기는
까닭은 무엇일까?

사실 우리가 자기 인생에 충실하지 못한 근본적인 원인은
스스로가 자존감을 상실한 보통 사람이라는 점을 받아들이지
못하기 때문이다. 그렇기에 잠재의식은 끊임없이 자아추구에
대한 질문을 던지는데, 우리는 이를 애써 외면한 채 계속 고통
을 감내해야 하는 핑계를 찾아서 현실에 주저앉는다. 같은 이
유로 삶의 또 다른 가능성을 찾을 엄두도 내지 않는다.

변화를 두려워하지 말고, 시도를 겁내지 말아야 한다. 인생
에는 1가지 길만 있는 것이 아니다. 미국의 전설적인 자동차 판
매왕 조 지라드Joseph Samuel Gerard만 해도 평생 40여 가지가
넘는 직업을 전전했다. 그러다 35살이 돼서야 자신의 재능을
발휘할 수 있는 분야를 찾았고, 마침내 인생의 정점을 찍었다.

당신에게 필요한 것은 단 한 걸음이다. 진정한 자아를 인지

하고, 자존감을 세우기 위한 단 한 걸음이 필요하다.

지금까지 당신은 계산기를 두드려서 나온 손익 결과에 따라 살아왔다. 이익이 더 큰 쪽을 선택하고, 손해가 더 큰 쪽을 피해가며 살아왔다. 여태껏 답답함과 허탈함을 어떻게든 참아온 이유도, 그렇게 함으로써 당장 '눈앞의 이익'을 얻을 수 있었기 때문이다. 하지만 문제는 그 이익이 물질적인 것이든 정신적인 것이든 간에 진정한 자존감을 세우는 데만큼은 일말의 도움도 되지 않는다는 점이다.

예를 들어 부모에게 경제적으로 도움을 받고 있고, 이에 대한 의존도가 큰 청년이 있다고 하자. 청년은 자기 자신을 억누르고 개인의 행복을 희생해가면서 부모의 마음에 드는 자식이 되려 한다. 그러나 사실 내면을 깊이 들여다보면 부모도, 세간의 평가도 진짜 원인은 아니다. 그가 이런 선택을 한 가장 근본적인 이유는 결국 그것이 자신의 이익에 부합한다고 판단했기 때문이다.

아이를 위해 온전한 가정을 지키겠다는 마음으로 가난하고 무능한 남편을 참는 경우도 그렇다. 겉으로 보기에 당신은 착한 아내고 훌륭한 어머니 같지만 사실은 나약할 뿐이다. 혼자 힘으로는 아이를 행복하게 키울 자신이 없고, 혼자서는 세간의 편견 어린 시선을 감당하기도 힘들고, 또 나중에 자식에게 설명할 일이 겁날 뿐이다. 한편으로는 지금 가진 것이 아무리

적어도, 일단 남편을 떠나면 그나마 가진 것마저 깡그리 잃어 버릴까 봐 두려운 마음도 있다. 그래서 현실이 아무리 불만스러워도 변화를 시도하지 않는다. 불확실성에 대한 걱정 때문에 고정관념의 노예가 된 것이다.

표면적으로 그럭저럭 괜찮은 일자리를 보전하기 위해 좋지도 나쁘지도 않은 대우를 견디고, 아무런 기대도 희망도 없는 미래를 체념적으로 받아들이고, 일하는 동안 삐걱대는 동료와의 관계를 참는다. 사실 이 모든 것은 스스로에게 더 나은 일자리를 찾을 능력이 없다고 생각하고 지레 포기한 결과다. 비록 괴롭기만 한 직장생활이라도 어쨌든 붙어만 있으면 당장 일상생활은 가능하다는 판단 역시 한몫했을 테고 말이다. 다시 말해 일에서 느낄 수 있는 보람과 자아성취의 기쁨을 금전, 안락함과 맞바꾸었다고 할 수 있다.

이런 현실은 당신을 매우 고통스럽게 한다. 그렇다면 이 상황은 어떻게 발전하게 될까? 일반적으로 2가지 변화를 예측할 수 있다.

첫째, 고통이 분노로 바뀌는 경우다. 이런 종류의 분노는 자기 보호적 반격을 불러일으키는데, 문제는 이 반격이 향하는 곳이 반드시 나에게 고통을 준 대상이 아닐 수도 있다는 점이다. 그렇기에 다른 사람 눈에는 단순한 분풀이나 성질부리기로 비칠 가능성이 크다.

예를 들어보자. 한 회사의 회장이 아침 댓바람부터 부인과 크게 싸우고는 화가 풀리지 않은 상태로 출근했다. 그때 마침 최고운영책임자가 보고하러 들어왔는데, 회장이 짜증 내며 말한다.

"이 정도 일도 처리 못하고, 대체 돈 받고 하는 일이 뭐요?"

난데없는 질책에 황당해진 최고운영책임자는 씩씩거리며 사무실로 돌아왔다. 이때 직속 부하 직원이 어떤 일로 지시를 받으러 왔다. 최고운영책임자는 회장처럼 짜증 내며 말했다.

"내가 이런 일도 해결해줘야 해? 자네들은 왜 스스로 머리를 굴리질 않나? 알아서 생각해봐!"

갑자기 혼이 난 직원은 기분이 심하게 가라앉았다. 우울한 채로 퇴근해서 집에 돌아와 막 앉으려는데, 아들이 수학 문제를 가르쳐달라며 다가왔다. 그는 대뜸 화냈다.

"퇴근하자마자 귀찮게 할래? 저리 가!"

아이는 아빠의 이유 모를 화풀이에 그만 마음이 상하고 말았다. 그래서 잔뜩 풀이 죽어 나오는 길에 하필 평소 예뻐하던 고양이에게 발이 걸려 넘어질 뻔했다. 마침 분풀이할 곳이 마땅찮았던 아이는 고양이를 걷어차며 소리쳤다.

"아이, 짜증 나! 나 기분 나쁜 거 안 보여? 울긴 뭘 울어? 저리 가!"

이것이 바로 그 유명한 '고양이 걷어차기 효과Kick the cat effect'다. 표면적으로는 부정적인 감정이 전염되는 전형적인 예 같지만, 사실은 고통으로 발생한 억누를 수 없는 자기 보호적 반격이 약자에게 향하는 과정을 잘 보여준다.

만약 나의 타격력이 내게 타격을 준 상대보다 강하거나 비슷하다면 우리는 그 대상에게 직접 반격을 가한다. 그러나 나의 타격력이 상대보다 약할 때는 직접 맞설 수 없기 때문에 자신보다 약한 상대에게 향한다. 전혀 상관없는 상대에게 이른바 분풀이하는 것이다.

간단히 정리해보자. 당신이 좌절감을 느낄 때, 한편에서는 자기 보호를 위한 공격적 감정이 생겨난다. 이런 감정은 당신을 쉽게 초조해지고 화나게 만든다. 또한 자신은 피해자라는 억울함과 수동적인 무력감에 휩싸인다. 그러나 당신이 미처 깨닫지 못한 사실이 있다. 어쩌면 지금 당신은 '나는 강요에 의해 어쩔 수 없이 지금의 모습이 된 피해자'라는 사고방식에 사로잡혀 변화를 위해 마땅한 대가를 치르기를 거부하고 있을지도 모른다는 사실이다.

당신이 자신을 정의하는 대로 세상 역시 당신을 정의한다. 나는 피해자라는 사고방식으로 살아가면 당신은 인생의 피해자가 될 수밖에 없다. 또한 무조건 희생하겠다는 태도로 세상을 대하면, 정말로 세상에 의해 희생되고 만다.

1. 제발 날 좀 내버려둬!

둘째, 고통이 긍정적인 기능을 하는 경우다. 무시당하고 손해 입고 마땅한 관심을 받지 못한다고 느꼈을 때의 감정이 오히려 자존감을 자극해서 스스로 치유하고, 회복하며, 성장을 돕는 촉진제가 되는 것이다.

이 세상에는 아무리 노력해도 없애거나 누그러뜨릴 수 없는 고통도 존재한다. 그러나 이런 불가항력적인 상황이 벌어지는 경우는 극소수에 불과하다. 살면서 인간관계에서 겪는 대부분의 고통은 나 자신의 노력으로 피할 수 있다. 단지 스스로가 진심으로 원하는 것이 무엇인지 명확히 알지 못하기 때문에 고통에 얽매인 채 살아갈 뿐이다.

한 번에 2마리 토끼를 다 잡을 수는 없다. 현재의 편안함을 선택했다면(현재가 고통스럽다고 말하면서도 변화하려 노력하지 않는 것은 변화가 더 큰 고통을 가져올까 봐 두렵기 때문이다. 그렇기에 상대적으로 당장의 고통은 편안한 것이 된다) 그 선택으로 자의식이 억압받는 것쯤은 감수해야 한다. 그러나 늘 불안하고 분노한 심리를 가지고 살 필요는 없다. 당장은 힘들더라도 '고양이 걷어차기 효과'의 악순환을 끊어내고 자존감을 다시 세우는 고통을 거쳐 안정된 행복을 쟁취하도록 노력해야 한다.

이를 위해서는 먼저 나 자신의 행동은 스스로가 얼마든지 바꿀 수 있음을 깨달아야 한다. 또한 타인의 공격에 대해 강인한 포용력을 길러야 한다. 왜냐하면 몇몇 사람은 자신도 어쩔 수 없이 본능적으로 공격해대기 때문이다. 그런 다음에 우리의 사고방식을 철저히 자아실현 중심으로 재편성해야 한다. 그러면 어떠한 타격과 상처가 와도 강인하게 대처할 수 있다.

Chapter 2

고생 끝에 병이 온다

나 자신을 지나치게 낮출 필요 없다.
응당 나의 것이라면 적극적으로 취하고,
내 것이 아니라면 과감히 포기하라.
현명한 '취사선택取捨選擇'이 삶을 원만하게 만들 것이다.

숨지 마,
네 인생이잖아

──────그녀는 자신이 착한 사람이라고 굳게 믿었다. 소원
이라고는 그저 자신이 원하는 방식으로 가족에게 사랑받고 남
자친구에게 마음껏 의지하는 것뿐, 별다른 욕심도 없었다. 남
자에게 의지하겠다는 생각이 부끄럽지도 않았다. 남자라면 마
땅히 밖에서 피땀 흘려 일해서 아내와 아이를 부양해야 한다고
생각했기 때문이다.

그녀에게 사회는 너무 복잡했고, 직장생활은 지나치게 고
생스러웠다. 안전한 집을 나가 하루 종일 아귀다툼을 해가며
일하고 싶은 마음도 전혀 없었다. 게다가 먹고살자고 남한테
머리를 조아리고 싶지도 않았다. 그녀는 자신이 바라는 이상
적인 삶을 실제로 누리게 해줄 사람이 이 세상에 반드시 있다
고 믿었다.

남자는 좋은 집안에 준수한 외모를 지녔으며 말투마저 우
아했다. 이미 은행의 고위직 간부였으며 수도권에 집도 여러

채 소유하고 있었다. 비록 그녀는 집안도 평범하고 눈에 확 띄는 미인도 아니었지만, 두 사람은 첫 만남부터 깊은 사랑에 빠졌다. 결혼하고 몇 년이 지나도 두 사람은 여전히 서로 손깍지를 끼고 꼭 붙어 걸었다.

그녀는 바라던 대로 돈 걱정 없이 살게 됐다. 남편은 그녀에게 집안일조차 거의 시키지 않았다. 어쩌다 곤란한 일이 생겨도 걱정할 필요가 없었다. 남편이 언제나 든든한 방패막이가 되어 무슨 일이든 해결해주었기 때문이다.

이 얼마나 행복하고 이상적인 삶인가. 그러나 이런 일이 생길 확률은 복권 1등에 당첨될 확률보다 더 낮다!

누구나 좋은 사람을 만나 자신이 원하는 인생을 살기를 바란다. 그러나 실제 마주하는 현실은 그보다 훨씬 잔혹하다. 어쩌면 지금 당신은 인생의 암흑기를 보내고 있는지 모른다. 부모님이 연달아 돌아가시고 아직 슬픔에서 빠져나오지도 못했는데, 아이는 아프고 남편은 이혼을 요구한다.

앞으로 당신이 맞이할 인생 역시 참담할 수 있다. 승진은 번번이 좌절되고 건강검진 결과 신장병이 발견돼서 힘들게 수술을 마쳤는데, 이번에는 집안 어른이 심각한 병을 얻었다는 식으로 말이다. 재수 없는 일이 자꾸 생길 수도 있다. 돈을 빌려서 거액의 학비를 겨우 냈는데, 철없는 사고뭉치 자식 놈은 친구와 대판 싸워 제적당하고, 당신은 화가 난 상태에서 운전하다 그만 사고를 내고, 여기저기 아파 죽겠는데 가족들은 나 몰라라 신경도 쓰지 않고….

우리 인생에는 이 같은 고난과 절망이 끊임없이 몰려온다. 게다가 당신이 가장 어려운 시기에는 아무도, 심지어 가족조차 도움이 되지 않을 때가 많다. 결국 오롯이 혼자서 되돌릴 수 없는 생사와 이별의 문제에 대항하고, 한 치 앞도 알 수 없는 인생과 전쟁을 벌여야 한다. 어쨌든 계속 살아가려면 그래야만 한다.

인간의 본성에 대해 어느 정도 이해하고 나면, 단순한 것이 가장 이치에 맞는다는 말에 동의하게 된다. 인생은 혼자만의 전쟁이고, 인생의 잔인함을 피해갈 수 있는 사람은 없다.

전쟁터 한복판에서 살아남는 것이 목적인 '디스 워 오브 마인This war of mine'이라는 게임처럼 인생을 살다 보면 정보와 자원이 턱없이 부족하고, 인간 내면의 빛이나 도덕심이 철저히 무너지는 특수한 상황이 닥치기도 한다. 이런 상황에서는 그동안의 모든 경험, 심지어 죽음까지도 예측할 수 없고 무작위적이며 뭔가를 바꿀 방법도 없다. 다시 말해 무슨 수를 써도 거기서 벗어날 수가 없다. 그리고 바로 이 순간, 필연적으로 인생의 민낯을 마주하게 된다.

늘 좋은 대접을 받고 항상 따뜻하게 돌봄을 받기를 바라는

2. 고생 끝에 병이 온다

것 자체는 잘못이 아니다. 그러나 이런 종류의 희망은 인생을 대면할 준비를 하는 데 아무런 도움이 되지 않는다.

현실은 냉엄하고 인간관계에는 언제나 예기치 못한 배신이 존재한다. 이미 가정이 있는 남자가 외간 여자에게 욕망을 버리지 못하고 무고한 아가씨를 꾀어내, 결국 분노한 아내에게 얻어맞게 하는 일이 얼마나 많은가. 또 한 여자의 귓가에 평생 그대만을 사랑한다고 속삭여놓고, 다른 여자에게 똑같은 말을 똑같이 되풀이하는 남자는 또 얼마나 많은가. 이렇듯 막장드라마 같은 일이 수시로 벌어지는 게 현실이다.

막장드라마 속에 매몰되지 않으려면 결국 내 인생은 내가 지켜야 한다. 남들이 하라는 대로, 좋다는 대로 끌려다니다 결정적인 순간에 다른 사람이 나 대신 위기를 극복해주길 바란다면 그건 순진함을 넘어서 멍청하다고밖에 할 수 없다. 게다가 양심이 있는 사람이라면 당신이 간절하게 애원하기 전에 자연히 알아서 자신의 모든 것을 주려고 할 것이다.

중국 작가 이슈亦舒의 어느 소설을 보면, 어떤 사람이 남자 주인공에게 왜 그렇게 여자친구한테 잘해주느냐고 묻는 장면이 나온다. 남자는 이렇게 대답한다. 나중에 그녀가 자신을 위해 아이를 낳고 길러줄 것을 생각하면, 그때 그녀가 겪을 수많은 고생을 생각하면, 자연히 더 잘해주고 싶은 생각이 든다고. 이런 생각을 하고 또 실천할 수 있다는 점에서 그는 진심으로 양심적인 인간이라 할 수 있다.

그러나 인생이란 이 걱정이 없으면 저 걱정을 할 수밖에 없는, 다시 말해 애증이 얽혀 있는 과정이다. 천만다행히 앞서 언급한 여자처럼 나를 정말 사랑해주고 나를 위해 고생을 마다 않는 남자를 만났다고 하자. 그런데 만약 그에게 능력이 없다면? 또는 그가 낙담과 실의에 빠져 있다면 어떻게 할 것인가? 혹은 그가 불의의 사고로 세상을 떠난다면, 그때는 또 어쩔 것인가? 만약 이 같은 인생의 민낯을 마주할 준비를 미리 해두지 않는다면 갑자기 세상의 잔인함과 마주쳤을 때는 속수무책 당할 수밖에 없다.

인생은 우리가 가만히 앉아 '누군가의 선량함'이 '나의 위기'를 해결해주기를 기다리도록 내버려두지 않는다. 어찌 됐든 스스로를 의지하고 일어서서 살아가야 한다.

혼자 설 수 있는 사람은 남에게 먼저 손을 내밀 수도, 서로 의지가 되어주거나 사랑할 수도 있다. 그리고 이런 사람이라면 더 많이 베풀어야 한다. 손해 볼까 봐 걱정할 필요는 없다. 오히려 인생의 곤경을 이겨낼 능력을 얻고 더욱 초연히 살아갈 수 있기 때문이다.

옛 선현들은 크나큰 지혜는 오히려 우둔한 듯이 보여서, 갓난아이같이 천진하면서도 천하의 도리와 이치를 꿰뚫어본다고 했다. 또한 매사에 얽매이지 않고 스스로 고생을 자초하지 않으며 상황에 따라 가래로 막을 것은 가래로, 호미로 막을 것은 호미로 막을 줄 안다고 했다. 인생을 사는 법도 마찬가지다. 다른 사람에게 바라지 않고, 온순하면서도 굳건하게 자기 생활을 지켜나가는 것이야말로 이 잔혹한 세상을 살아나가는 정공법이다.

당신이 가장 어려운 시기에 아무도,
심지어 가족조차 도움 되지 않을 때가 많다.

혼자서 돌이킬 수 없는 문제들에 대항하고,
한 치 앞을 알 수 없는 인생과 전쟁을 벌여야 한다.
계속 살아가려면 그래야만 한다.

나는 너를 절대
이해할 수 없어

──────세상에서 가장 어려운 일 2가지를 꼽으라면? 첫째
는 남의 돈을 벌어 내 주머니에 넣는 일이요, 둘째는 내 생각을
남의 머릿속에 집어넣는 일이다. 이는 아주 유명한 명언으로 구
구절절 저절로 고개가 끄덕여진다.

인류는 심도 있는 협력을 할 줄 아는 동물이고, 천성적으
로 동류에게 의존하고자 하는 심리가 있다. 다시 말해 인간으
로 태어난 이상 남과 전혀 교류하지 않기란 불가능하다. 기왕
그렇다면 서로 감정이 편안한 범위에서 공감대를 형성하고,
서로의 개성을 존중하며, 다름을 받아들이는 것이야말로 가장
현명한 교류 방법일 것이다.

그러나 사람은 누구나 인생에서 경험한 바가 다르고, 각 사
람의 의식 역시 자신만의 독특한 방식에 따라 형성된다. 그렇
기에 복잡 미묘한 인간관계에서 진짜 선의를 구별해내는 일은
결코 쉽지 않다.

예를 들어보자. 착한 당신은 항상 다른 사람을 먼저 배려한다. 상대를 위해 자신은 세상을 떠받쳐줘야 한다고 생각하고, 상대에게 가장 좋은 것을 주며, 항상 참아줘야 한다고 여긴다.

그런데 당신은 육식을 하는 늑대고, 상대는 초식을 하는 양이다. 바로 여기서 문제가 생긴다. 당신이 정성껏 준비해서 대접한 양고기를 상대는 한입도 먹지 못한다. 당신은 그런 그를 지나치게 고결한 척한다고 오해한다. 혹은 준비한 음식이 부족한 탓이라고 자책한다. 사실은 자기만의 기준으로 상대를 헤아렸기 때문인 줄도 모르고 한없이 우울해진다. 이럴 바에는 차라리 처음부터 아무것도 하지 않는 편이 훨씬 낫다.

일반적으로 우리는 어떤 사물의 전모도 제대로 파악하지 못한다. 그런데 어떻게 사람과 사람 사이에 완벽한 이해가 존재하겠는가. 안타깝지만 "나도 똑같이 느낀다."는 말은 듣기 좋은 사탕발림에 불과하다. '구부러진 우유푸딩' 이야기는 이 사실을 여실히 보여준다.

가난한 두 소년이 있었다. 이들은 구걸해서 먹고 살았다. 그중 한 소년은 태어나면서부터 앞이 보이지 않았기 때문에 다른 소년이 그를 돌보다시피 했다.

어느 날, 맹인 소년이 몸져누웠다. 다른 소년이 그를 다독이며 말했다.

"쉬고 있어. 내가 근처에서 먹을 것을 좀 얻어올게."

그날 구걸하러 나간 소년은 운 좋게 매우 맛있는 음식을 얻었다. 바로 우유푸딩이었다. 처음 먹어보는 푸딩은 혀가 녹아버릴 정도로 달고 맛있었다. 그러나 안타깝게도 소년에게는 푸딩을 가져갈 만한 그릇이 없었다. 그래서 어쩔 수 없이 그 자리에서 푸딩을 다 먹어치우고, 친구에게 돌아와 사과했다.

"진짜 미안해. 오늘 어떤 사람이 우유푸딩이라는 아주 멋진 음식을 줬는데, 도무지 가져올 방법이 없어서 못 가져왔어."

맹인 소년이 물었다.

"우유푸딩이 뭐야?"

"뭐랄까…. 아, 우유푸딩은 하얀색이야."

맹인 소년은 고개를 갸웃거렸다.

"하얀색이 뭔데? 모르겠어."

"하얀색은 검은색과 반대되는 색이야."

"검은색은 또 뭐야?"

맹인 소년은 검은색이 무엇인지도 몰랐다. 답답해진 다른 소년은 주변을 둘러보며 무언가를 찾았다. 마침 저만치에 흰 오리가 보였다. 소년은 오리를 덥석 잡아와서 맹인 소년에게 내밀었다.

"하얀색은 바로 이 오리의 색깔이야."

맹인 소년은 손을 내밀어 오리를 이리저리 만져본 뒤 말했다.

"아, 알겠다. 하얀색은 폭신하구나."

"아냐, 아냐. 하얀색과 폭신한 건 전혀 상관없어. 하얀색은 하얀색이야! 다시 한번 잘 생각해봐."

"하지만 하얀색은 이 오리의 색깔이라고 네가 말했잖아. 오리를 꼼꼼히 만져보니 아주 폭신한 걸. 그러니까 우유푸딩은 폭신한 거야. 하얀색은 폭신하다는 뜻이고."

"아니라니까. 넌 아직 이해 못했어. 다시 만져봐!"

맹인 소년은 다시 한번 자세히 오리를 더듬거렸다. 이번에는 부리에서 목을 거쳐서 꼬리까지 쭉 훑었다.

"아하, 이제 알겠네. 구부러진 거구나. 우유푸딩은 구부러진 거야!"

사람은 인생을 살아가면서 많은 감정을 느끼고 많은 일을 경험한다. 그 과정에서 내가 받은 상처나 기쁨을 아무리 생생하게 설명한다 한들 이를 직접 자신한테 일어난 일처럼 이해할 수 있는 사람은 아무도 없다. 맹인 소년이 하얀색을 끝까지 이해할 수 없었던 것과 같은 이치다. 타인은 결코 내가 될 수 없다. 그러니 '내가 맛본 우유푸딩'이 어땠는지 이해하지 못하는 것도 당연하다.

개인이 세상을 이해하는 관점이나 여러 가지 감정을 대하는 방식은 타고난 천성, 교육 배경, 생활양식, 인생 경험에 따라 결정된다. 다시 말해 자기 고유의 사고방식에서 벗어날 수 있는 사람은 없기 때문에 타인을 진정으로 이해할 수 있는 이도 존재하지 않는다. 이것은 오직 신만이 가능한 일이다.

상대에 대해 다 안다고 확신하고, 상대를 위해 더 많은 일을 하려고 노력하는 것은 천성적으로 착한 동시에 매우 '오만'하다는 방증이다. 왜냐하면 타인을 전부 이해하고 있다고 믿는 지점에서 이미 자기 자신을 남보다 우위에 두기 때문이다.

게다가 우리가 선행이라고 생각한 것 역시 엄밀히 따지면 외부 세계를 평가, 판단한 후에 선택한 전략적 일 처리 방법일 수 있다. 자신의 끝없는 헌신과 굴복을 대가로 타인의 이해와 신임을 얻고자 했다면, 비록 시작은 선의였다고 해도 결국은 원하던 바와 달리 오히려 억울하고 답답해지는 결과를 얻게 될 가능성이 크다.

여태까지의 '선한 행동'을 멈추고 뒤로 물러서서 자기 자신을 진지하게 되돌아보도록 하자. 내가 선의를 베풀었는데 그에 상응하는 보답이 돌아오지 않아서 마음 상한 적이 있지 않은지. 스스로를 착한 사람이라고 여기는 이유가 남이 상처 줬을 때 반격하지 않았기 때문은 아닌지. 나의 존재감이 없어질까 봐 두려워서 누가 봐도 형편없는 사람 곁을 떠나지 못하고 있지는 않은지. 가치 없는 사람으로 여겨질까 봐 무리한 부탁도 억지로 들어준 적은 없는지.

그래도 여전히 나보다는 남을 위해 사는 것이 선한 일이라고 생각한다면, 당신은 아직 '선량함의 무서운 맛'을 충분치 보지 못한 셈이다. 혹은 자기 자신을 신뢰하지 못해서 외부에서 힘을 얻으려 한다고 볼 수도 있다. 다시 말해 스스로에게서는 앞으로 나아갈 충분한 역량을 찾지 못한 데다 홀로 미지의 공포와 대면할 용기도 없기 때문에 불안감을 상쇄해줄 동반자를 외부에서 찾는 것이다.

그렇기에 내가 베푼 호의가 수많은 좌절과 위축으로 돌아와도 오로지 안정적인 동반자를 얻겠다는 일념 하나로 이 모든 것을 참고 견딘다. 어쩌면 당신이 다른 사람의 눈에 잘 보여야 한다는 생각에 사로잡히는 이유는 진정한 자기 자신이 될 용기가 없기 때문일지도 모른다.

만약 당신의 착한 행동이 끊임없이 부정적 결과를 낳거나 매번 현실에 엉망으로 두들겨 맞는 중이라면, 부디 조언하건대 더 이상 자신에게 '무조건적인 선량함'을 들이대지 마라. 만약 관성적인 선량함에서 벗어나기 힘들다면 대만의 저명한 학자인 난화이진南懷瑾이 《선과 생명의 인지강의》에서 소개한 주문을 기억하기 바란다. 책에는 이렇게 쓰여 있다.

한 학생이 어떤 일을 잊은 것 때문에 괴로워하기에 그럴 때 쓰면 좋은 주문을 알려주겠다고 했다. 그 주문은 바로 '젠장,

꺼져버려!'였다. 나중에 이 학생이 내게 와서 말했다. "선생님, 그 주문 정말 효과 있었어요. 가장 고통스러운 순간에 '젠장, 꺼져버려!'라고 생각했더니 금세 괜찮아지더라고요."

당신은 혹시 남이 나를 좋아하지 않는다는 생각 때문에 매일 전전긍긍하며 살고 있지는 않은가? 일단 이러한 불안감에 사로잡힌 사람은 점점 연약해지다가 결국 모두의 시선 속에 쓰러지고 만다. 마땅히 누려야 할 인생의 아름다움 역시 무기력한 불안함 속에 잃어버리고 만다. 빛나는 여생을 그렇게 보내기에는 너무나 아깝다. 남의 눈치를 보느라 심장이 조여지고 가슴이 답답해질 때면, 마음속으로 '젠장, 꺼져버려!' 주문을 외쳐보자.

──────한 심리상담 프로그램에 못난 외모 탓에 인간관계에 어려움을 겪는다는 젊은 여자가 나왔다. 그녀는 자신이 사람들에게 우습게 보이고, 상사에게 늘 혼나고, 동료에게 트집 잡히는 이유가 모두 외모 때문이라고 생각했다.

어찌나 피해 의식이 강한지, 동료들이 저만치서 귓속말하는 모습만 봐도 가슴이 답답해진다고 했다. 자신을 비웃거나 흉보는 중이라고 생각했기 때문이다. 이렇다 보니 사람을 대하는 일 자체가 어렵고 힘들었다. 결국 그녀는 성형을 하기로 했다. 그러나 코를 높인 후에도 거울 속 자신은 여전히 아름답지 않았고, 내면은 고통으로 가득했다.

객관적으로 봤을 때 그녀는 전혀 못생긴 편이 아니었다. 균형 잡힌 몸매에 팔다리도 길쭉길쭉했고 이목구비도 단정했다. 다만 표정이 어두워 불만에 차 보인다는 것이 유일한 결점이었다. 비슷한 또래에게서 흔히 보이는 청춘의 반짝임 대신, 음울한 그늘이 그녀의 얼굴을 가득 덮고 있었다. 굳어진 표정을 조금만 풀고 인상이 부드러워 보이도록 한다면, 충분히 밝고 예뻐 보일 얼굴이었다.

하지만 안타깝게도 그녀는 자신의 진짜 문제가 외면이 아니라 내면에 있음을 알지 못했다. 그 결과, 내면의 불안함이 야기한 근거 없는 의심 때문에 그녀의 생활은 엉망이 되어가고 있었다. 일례로 그녀는 회사의 품질관리부 직원이 늘 일부러 그녀의 실수를 들춰낸다고 생각했다. 그러나 품질관리부가 하는 일이 원래 그런 일이었다. 굳이 그녀만을 노리고 지적한 게 아니라는 뜻이다.

또 그녀는 상사가 자신만 나무란다고 불만을 터뜨렸는데, 알고 보니 그 상사는 부하 직원 모두에게 까다로운 편이었다. 다만 다른 동료들은 그러려니 하고 넘기는 데 반해 그녀 혼자만 공격받았다는 생각에 부르르 떨 뿐이었다.

그녀의 자아상 인식에 문제가 있다고 생각한 심리학자는 간단하게 2가지 테스트를 해보자고 제시했다. 첫 번째 테스트는 그와 진행자가 그녀 앞에서 귓속말하고, 그녀는 그들이 무슨 말을 했을지 추측해보는 것이었다. 심리학자는 진행자와 한동안 귓속말을 나눈 뒤 그녀에게 물었다.

"자, 방금 우리가 무슨 대화를 나눴을까요?"

그녀는 쭈뼛거리며 대답했다.

"잘은 모르지만 분명 오늘 제가 입은 옷이 이상하다고 하셨을 거예요…."

심리학자가 웃으며 대꾸했다.

"우리가 뭐라고 하는지 들었어요?"

"아뇨."

"그럼 회사 동료들이 무슨 말을 했는지 확실히 들은 적은 있어요?"

"없어요."

"그렇다면 다른 사람이 뭐라고 했는지 못 들은 상태에서 '분명히 내 욕을 했을 거야.'라고 혼자 지레짐작한 거네요?"

그녀가 아무 대답도 못하자 심리학자는 말을 이어갔다.

"사실 우리는 방송 끝나고 누가 밥을 살 것인지에 대해 이야기했어요. 당신이 오늘 하고 온 귀걸이가 예쁘다는 말도 했고요."

그녀의 얼굴에 민망한 기색이 떠올랐다.

"누군가 옆을 지나가면 무심코 쳐다보게 되는 게 사람의 본능이에요. 그렇다고 방금 본 사람에 대해 반드시 이러쿵저러쿵 평가하거나 욕하지는 않죠. 쳐다본 것만으로 상대가 나에 대해 부정적인 말을 할 거라고 믿는 건 지나친 생각이에요."

그녀는 잠시 무언가를 생각하다 입을 열었다.

"하지만 정말로 못생겼다는 말을 들은 적이 있는 걸요. 화장할 줄 모른다는 말도 들었고….."

심리학자가 갑자기 벌떡 일어나더니 말했다.

"자, 두 번째 테스트입니다. 난 당신을 때릴 거예요. 가까이 오면 때릴 거라고요."

그런 뒤 물었다.

"내가 지금 당신을 때리고 있나요?"

"아뇨. 하지만 절 정말 때리려고만 한다면 때리실 수 있겠죠."

심리학자는 그녀에게 다가오라고 손짓했다. 그리고 그녀가 주춤주춤 다가가자 주먹으로 어깨를 툭 쳤다. 당황한 그녀는 어리둥절한 표정으로 자기 자리로 돌아갔다. 하지만 심리학자는 여기서 그치지 않고 또다시 그녀를 때릴 듯 자세를 잡았다. 이번에는 그녀가 가까이 가지 않았다.

심리학자가 말했다.

"난 당신을 때릴 거예요. 반드시 때릴 거예요. 그런데 내가 지금 당신을 때리고 있나요?"

그녀는 고개를 가로젓다가 문득 뭔가를 깨달은 듯 눈을 반짝였다.

"알았어요. 처음에 선생님이 때리겠다고 말했을 때는 말뿐이지 실제로는 저를 못 때렸어요. 왜냐하면 제가 멀리 있었거든요. 하지만 제가 가까이 갔을 때는 때리셨죠. 때릴 수 있을 만큼 거리가 가까웠기 때문이죠. 마지막에는 반드시 때리겠다고 했지만, 제가 가까이 가지 않았기 때문에 때리지 못했어요."

"맞아요. 때로 우리는 내게 상처 줄 것이 분명한 사람을 만나게 돼요. 하지만 상처 받을 걸 분명히 알면서 피하기는커녕 오히려 가까이 다가갔다가 정말로 상처 입고 말지요. 대체 왜 고생을 사서 합니까? 다른 사람이 당신더러 충분히 예쁘지 않다고 하는 건 그 사람의 주관적인 생각일 뿐이에요. 꼭 남의 생각을 고스란히 받아들여서 나 자신을 판단할 필요가 있을까요?"

자기 자신 외에는 이 세상 누구도 당신을 공격할 자격이 없다. 그런데도 어떤 경우는 내가 나서서 상처 받는 상황으로 걸어 들어간다. 대체 왜 그래야 하는가? 스스로 상처를 끌어안지 말고, 남이 주는 상처는 적당히 무시하면서 살아가는 편이 훨씬 좋지 않을까?

우리가 얻는 것은 모두 노력에 대한 보상이다. 사람들이 종종 하는 말처럼 불행은 나 스스로 감당할 수 있을 뿐, 다른 사람이 아무리 위로해준들 실질적인 도움은 얻을 수 없다. 같은 맥락에서 다른 사람의 공격을 굳이 참아가며 혼자 괴로워하지 않아도 된다. 그럴 시간에 오히려 스스로 자존감을 높이고 인생의 즐거움을 찾도록 노력하는 편이 훨씬 낫다.

성장에는 반드시 고통이 수반된다. 그러나 자신감 결여 때문에 남이 자기를 무조건 비판, 부정할 것이라 지레짐작하고 인간관계에서 스스로 불리한 위치에 주저앉는 것은 매우 어리석은 짓이다.

빌 브라이슨William McGuire Bryson이 지은 《거의 모든 것의 역사》에 이런 글귀가 있다.

"우리는 스스로의 주인이자 신이 되어야 한다."

나 자신이 좋아하는 일이라면(물론 불법적인 일은 포함되지 않는다) 내게 유익한 것이다. 내가 좋으면 됐다. 열광적으로 즐거워할 수 있다는 것만으로도 이미 충분하다. 만약 남이 나를 인정해줬으면 하는 기대를 가지고 어떤 일을 한다면, 이는 우리가 그 일에 충분히 열광적이지 않다는 방증이다.

물론 다른 사람의 의견에 귀를 기울여야 할 때도 있다. 그러나 그런 때조차 반드시 남의 말을 따라야 하는 것은 아니다. 상대가 제대로 된 충고를 하는지, 아니면 헛소리를 하는지 알 수 없는 경우도 많기 때문이다.

미국의 유명 여배우 소냐는 오타와 근교의 젖소 목장에서 어린 시절을 보냈다. 당시 그녀는 근처의 초등학교를 다녔는데, 아이들에게 종종 괴롭힘을 당했다. 하루는 집에 돌아온 그녀의 얼굴이 온통 눈물범벅인 것을 보고 아버지가 무슨 일이냐고 물었다. 소녀는 훌쩍이며 말했다.

"같은 반 애들이 저더러 못생겼대요. 또 달리기할 때 이상하다고 놀렸어요."

아버지는 잠시 그녀를 바라보다 빙긋 미소 지으며 말했다.

"애야, 난 우리 집 천장에 손이 닿는단다."

뜬금없는 아버지의 말에 당황한 소녀는 울음을 그치고 물었다.

"그게 무슨 소리예요?"

"아빠는 우리 집 천장을 만질 수 있다는 거지."

소녀는 고개를 들고 천장을 올려다봤다. 어찌나 높은지, 한참을 올려다봐야 했다. 그런데 아빠는 어떻게 저기에 손이 닿는다는 것일까? 그녀가 도무지 믿을 수 없다고 하자 아버지는 다시 웃으며 의기양양하게 말했다.

"못 믿겠니? 그럼 애들의 말도 믿지 말려무나. 사람들이 하는 말이 전부 사실은 아니란다!"

아버지와의 대화를 통해 소녀는 다른 사람의 말에 지나치게 휘둘리지 말고, 자기 생각에 따라 행동해야 한다는 사실을 깨달았다.

25살이 된 소녀는 배우로서 어느 정도 이름을 알렸다. 그러던 어느 날, 한 행사에 참여하기 위해 준비하고 있는데 매니저가 와서 날씨가 안 좋다는 말을 꺼냈다. 날씨 탓에 참가하는 사람이 적어서 행사장이 썰렁하겠다는 말도 덧붙였다. 매니저가 뜻하는 바는 분명했다. 소냐가 신인인 만큼 이런 작은 행사보다는 좀 더 큰 자리나 주목받는 활동에 시간을 투자해서 인지도를 높이는 것이 좋지 않겠냐는 뜻이었다.

그러나 소냐는 끝까지 그 행사에 가겠노라고 고집했다. 이미 참석하겠다고 약속했기 때문이다. 결과적으로는 예상보다 많은 사람이 행사에 참석했다. 게다가 소냐가 왔다는 소문에 시간이 갈수록 더 많은 사람이 행사장으로 달려왔다. 그날 그자리에서 그녀는 진정한 대스타였다.

타인의 언행에 휘둘리지 않는 것은 나 자신의 주인이 되기 위한 첫걸음이다. 때로는 자기 자신을 한껏 밀어붙여봐야 한다. 그렇지 않고서는 자신이 얼마나 대단한 사람인지 결코 알 수 없다.

"인생은 초콜릿 상자와 같은 거야. 네가 무엇을 고르게 될지는 아무도 모르지." 영화 '포레스트 검프'에 나온 말이다. 그렇다. 상자의 뚜껑을 열고 먹어보기 전까지는 내가 무슨 맛의 초콜릿을 고를지 아무도 알 수 없다. 그것이 바로 인생이다.

—————E는 남자친구와 취업 박람회에 갔다. 어느 기업의
부스에서 남자친구는 그녀를 대신해 이력서를 내밀었다. 그런
데 다음 순간, 두 사람은 깜짝 놀라고 말았다. 채용 담당자가
이력서를 받자마자 쓰레기통에 넣어버렸기 때문이다. E는 버럭
화내며 말했다.

"왜 제 이력서를 보지도 않고 버리시는 거죠?"

채용 담당자는 매우 사무적이지만 명백히 무시하는 어투
로, 자신은 담당자로서 지원자의 이력서를 마음대로 처리할
수 있으며 그에 대해 설명할 의무가 없다고 답했다. E는 분을
가라앉히지 못한 채 부스 앞에 계속 버티고 서 있었다. 그녀가
쉽게 떠날 것 같지 않자 채용 담당자는 힐끗 쳐다보더니 이렇
게 말했다.

"자기 이력서조차 남자친구가 내줘야 하는 직원은 우리 회
사에 필요 없어요."

E는 쓰레기통에서 이력서를 주워서 5위안짜리와 함께 채용 담당자에게 건네며 말했다.

"좋은 소식이든 나쁜 소식이든 상관없으니까 결과 나오면 꼭 전화 주세요. 전 이 일이 정말 하고 싶어요. 혹시 괜찮으시다면 나쁜 결과라도 알려주세요. 이건 전화비예요."

채용 담당자는 의아하다는 듯 그녀를 바라봤다. 하지만 그녀는 아랑곳없이 돈을 책상 위에 올려놓고 허리를 꼿꼿이 편 채 박람회장을 빠져나왔다.

그녀는 솔직히 떨어질 것이라고 생각했다. 그런데 일주일 후, 채용 담당자에게서 전화가 걸려왔다.

"월요일부터 출근하세요. 우리 부서에 배정됐고, 수습 기간은 3개월이에요. 부디 당신의 업무 능력이 그때 보여준 자신감만큼 인상적이었으면 좋겠네요."

혈기 넘치고 자신감 넘치는 대부분의 신입 사원처럼 그녀도 새 직장에 들어가자마자 일을 최우선순위로 삼았다. 개인적인 취미 생활도, 남자친구도, 친구도, 심지어 가족까지 뒤로 미루고 회사에 몰두했다. 그녀를 우습게 봤던 채용 담당자이자 현재 그녀가 속한 부서 팀장인 상사에게 자신의 능력을 보여주고 싶었다.

하지만 현실은 녹록치 않았다. 기획부에 배속된 후 2달 동안 그녀에게 주어진 일이라고는 타이핑, 복사, 자료 정리 등의 잡무뿐이었다. 실질적으로 능력을 발휘할 수 있는 일은 전혀 없었다. 그녀가 아무리 노력해도 성과를 보일 만한 기회 자체가 오지 않았다. 쳇바퀴처럼 반복되는 잡무에 질리고 실망한 그녀는 조금씩 초심을 잃고 점점 게으르고 나태해지기 시작했다.

그러던 어느 날, 팀장은 그녀를 사무실로 부르더니 두툼한 서류 봉투를 툭 던졌다.

"배우라는 건 안 배우고, 배우지 말라는 불평불만은 쉽게도 배우는군요. 원망하며 시간을 보내느니 이거라도 한번 해봐요."

봉투 안에는 회사가 새로 수주한 큰 프로젝트 건이 들어 있었다. 여태껏 한 번도 제대로 된 기획안을 작성해본 적 없는 그녀로서는 애당초 혼자 힘으로는 완수할 수 없는 업무였다. 그러나 팀장은 냉정히 덧붙였다.

"이 기획안을 제대로 해내면 여기서 계속 일하는 거고, 아니면 바로 쫓아낼 줄 알아요."

E는 당장 때려치우고 싶은 심정이었다. 하지만 어렵게 얻은 직장을, 그것도 아무 성과도 내지 못하고 그만둘 수는 없었다. 게다가 이렇게 쉽게 그만둬버리면 또 언제 이런 기회가 올지도 알 수 없었다. 퇴로가 없는 상황이었다. 결국 최대한 빠

른 시일 내에 제대로 된 기획안 작성법을 배우는 수밖에 없었다. 관련 전문 지식을 조금이라도 더 많이 익히기 위해 매일 새벽 2, 3시까지 야근했다.

그녀는 프로젝트에 관해 꽤 괜찮은 아이디어를 생각해냈지만, 실전 경험이 부족한 탓에 그럴 듯한 기획서를 완성하는 데 계속 애를 먹었다. 하지만 하늘은 스스로 돕는 자를 돕는다고 했던가. 며칠 동안 고생한 끝에 그럭저럭 기획서로 보이는 보고서를 작성해 팀장에게 제출할 수 있었다.

팀장은 그녀의 보고서를 훑어본 뒤, 양식과 규범에 맞춰 수정했다. 그리고 보고서에 자신의 이름을 붙여 상사에게 제출했다. 이후 진행된 프로젝트 설명회에서 해당 보고서는 순조롭게 통과됐다. 하지만 그 보고서의 핵심 아이디어가 E의 머리에서 나왔다는 사실을 팀장 외에는 아무도 몰랐다. 그녀가 일주일 내내 끼니를 거르고 밤을 새가며 이룩한 성과가 고스란히 남의 것이 된 것이다.

분명히 고의적인 괴롭힘이었지만 그녀는 화를 꾹꾹 눌러 삼켰다. 팀장에게 밉보일 수는 없었기 때문이다. 그러나 그 후로 팀장의 행동은 점점 더 심해졌다. 골치 아픈 문제를 전부 그녀에게 떠넘겼을 뿐 아니라 툭하면 "싫으면 관둬, 너 아니어도 일할 사람은 많아."라는 식으로 협박해댔다.

"젊어서 고생은 사서도 한다."는 말이 있다. 그러나 이것이 전적으로 맞는 말은 아니다. 여기에는 2가지 이유가 있다. 첫째, 고생도 고생 나름이다. 어떤 종류의 고생은 개인에게 치명적인 후유증을 안길 수 있다. 둘째, 적당히 고생하는 것은 삶에 어느 정도 도움이 된다. 그러나 고생한 후에 깨달은 점이나 개선된 부분이 전혀 없다면, 아무리 고생해도 죄다 헛수고일 뿐이다.

만약 계속 이렇게 타협하고 굴복한다면 앞으로도 끝없이 굴복해야 할 터였다. E는 팀장의 반복적인 부당한 대우를 더 이상 참지 않기로 했다. 그래서 간절하고도 예의 바른 어투로 인사부 책임자에게 부서 변경 신청 메일을 보냈다. 구체적 사유로는 팀장이 자신의 아이디어를 가로챈 사건과 지금까지의 부당한 대우 등을 들고, 그간 둘 사이에 오갔던 업무 메일도 증거물로 첨부했다.

얼마 안 가 그녀는 직위 변동 통지를 받았다. 성실한 업무 태도와 훌륭한 업무 처리 능력을 가졌으며 창의성도 뛰어나므로, 회사의 심사숙고를 거쳐 기획부의 혁신센터 책임자로 승진시킨다는 내용이었다. 팀장 본인은 별다른 조치를 받지 않았지만 누가 봐도 알 정도로 회사의 신임을 잃고 말았다. 물론 그 후로 다시는 그녀를 함부로 대하지 않았다. 고의적인 공격과 괴롭힘에 굴복하지 않은 덕에 E는 마음껏 해방감을 누릴 수 있었다.

운명이 부여한 시련 앞에서 약자는 도망치고 원망하며, 그보다 조금 나은 사람은 타협과 합리화를 선택한다. 그리고 강자는 강인하게 견디며 맞서 싸운다. 그러나 진정으로 강한 사람은 스스로 더 나아지고 강해짐으로써 시련을 초월해버린다.

─────── 대다수 사람은 남의 말에 쉽게 흔들린다. "다 너 좋
으라고 하는 말"이라며 자기 생각을 타인에게 강요하는 사람도
많다. 그러나 사실은 상대의 날씬한 몸매가 부러우면서 말로는
"너무 말랐다, 좀 많이 먹어."라고 한다든가, 자기도 심각한 유
리 심장이면서 남에게 "사람이 대범해야지, 세상에 마음먹으면
못할 일이 어디 있어?"라며 훈계하는 '모순쟁이' 역시 적지 않다.

남이 이러쿵저러쿵할 때마다 갈팡질팡해서는 내 인생을 제
대로 살지 못한다. 또 남의 말만 듣고 나를 판단하는 사람은
굳이 진지하게 상대하지 않아도 된다.

누군가가 말했듯이, 결국 나와 비슷한 사람을 만나고 나와
비슷한 사람을 선택하게 되는 법이다. 문제는 그렇게 만났다
해도 문제가 없으리라 보장할 수 없다는 점이다. 그럴 때 우리
는 불평을 한다. "남들은 다 잘 풀리는데, 왜 나만 이래?"라고.
그러면서 정작 자신은 아무 노력도 하지 않는다.

자신이 되기를 바라는 인간상이 있다면 이를 목표로 실질적인 노력을 해야 한다. 이와 관련해서 아시아 최고의 부호 리카싱李嘉誠은 매우 신랄하게 말했다.

"당신은 왜 여태껏 성공하지 못했는가? 되는 대로 살고, 가까이하지 말아야 할 사람과 친하게 지내며, 발전하고자 노력하지 않고, 죽어라 체면만 차렸기 때문이다. 부모에게서 독립하지 못한 채 눈치 보면서 무조건 고분고분 따르고, 자기주장도 없고, 혼자서는 아무것도 결정할 줄 모르기 때문이다. 부모가 그랬듯이 그저 적당히 일해서 돈 벌고, 결혼해서 애 낳고, 나중에 늙거나 병들어서 죽는 것 외에는 다른 인생을 꿈꾸지 않기 때문이다. 천성적으로 나약하고 아둔해서 주어진 일밖에 못하기 때문이다. 자기 돈은 한 푼 들이지 않고 잘 먹고 잘 살기를 바라며, 가만히 앉아 하늘에서 떡이 떨어지기를 기다리기 때문이다. 기회가 없다고 불평하면서 막상 기회가 왔을 때는 잡지 않기 때문이다. 아니, 잡을 능력이 없기 때문이다. 가난하다는 이유로 자기 비하에 빠지고, 툭하면 뒷걸음질 치고, 과감히 나서지 못하는 데다 특별한 기술도 없으면서 할 줄 아는 것은 무력행사뿐이니 무슨 수로 성공하겠는가?"

사람은 자신이 세상을 보고 해석하는 관점에 따라 행동한다. 그런데 생각만 많고 행동하지 않으면, 갈수록 불만만 많아지고 성공과는 점점 멀어지게 된다. 입으로 불평하는 것이 인생의 전부인 사람이 되고 마는 것이다.

사람이 불만을 품게 되는 이유는 여러 가지다. 그중에는 어쩔 수 없이 남에게 귀속되어 신체적 자주권이 없는 경우도 있고, 심한 괴롭힘 속에 고통당하다가 불만이 터져 나올 수밖에 없는 경우도 있다. 이런 경우야 불만이 있는 게 당연하지만, 단순히 자신의 기대가 물거품이 되었다는 이유로 불만을 갖는 일도 비일비재하다.

예를 들어 아이가 알아서 숙제를 잘하길 기대했는데 전혀 하지 않는다든지, 남편이 자신의 생일을 기억해주길 바랐는데 까맣게 잊었다는 것을 알았을 때 저도 모르게 불평이 나온다. 며느리가 살림을 잘 꾸리면 좋겠는데, 아들에게 이것저것 집안일을 시키는 모습을 보는 시어머니는 속이 부글부글 끓는다. 이는 모두 남에게 걸었던 기대가 무너지면서 생기는 원망으로, 외부 세계를 통제하고자 하는 욕망이 좌절된 데서 비롯됐다고 볼 수 있다.

희망이 좌절됐을 때 역시 비슷한 반응이 일어난다. 아내를 힘들게 뒷바라지해서 박사 공부까지 시켰는데 보답은커녕 이혼을 당한 남편이나, 평생 남편을 위해 온갖 고생을 다 했지만 결국 버림받은 아내가 느끼는 감정은 결국 같다. 사랑받고 감사받고자 했던 희망이 깨진 뒤 남은 것은 깊은 원망뿐이다.

우리는 자신과 이해관계가 발생할 가능성이 없는 상대에게는 불만을 느끼지 않는다. 예를 들어 나는 우리 집 맞은편에 사는 아주머니가 나를 친근하게 대하지 않아도 원망하지 않는다. 왜냐하면 그녀와 나는 전혀 친분이 없기 때문이다. 이웃집 아저씨가 돈이 없다고 원망하지도 않는다. 어차피 알고 지낼 일이 없기 때문이다. 같은 이유로 집 아래 마트에서 일하는 주인이 게으름을 피우든 말든, 내 감정 상태는 영향을 받지 않는다. 그게 나와 무슨 상관인가! 아마 당신도 그럴 것이다.

그러나 애인의 몇몇 행동이 나를 힘들게 할 때는 나도 모르게 자꾸 불만이 생긴다. 직장 동료가 쓸데없는 말을 해서 내 기분을 상하게 할 때도, 부모님이 다른 사람과 나를 자꾸 비교하며 스트레스를 줄 때도 속에서 원망이 솟구친다. 심지어 택배가 늦거나, 옷이 작아졌거나, 칼이 잘 들지 않거나, 눈길이 미끄러워도 화가 난다. 이유는 하나, 이 모든 것들은 나와 직접적인 이해관계가 있기 때문이다. 그렇기에 당연하게 불만의 대상이 된다.

아무리 불만을 토로해도 우리의 현 상태는 개선되지 않는다. 이 사실은 나도 잘 알고 당신도 잘 안다. 그러니 불평불만이든, 원망이든, 이제는 고이 접어 한 편에 미뤄두자. 또한 불평불만을 입에 달고 살면서 툭하면 지적하고 성질내는 사람과도 거리를 두자. 이런 사람은 부정적 기운이 넘쳐나서 가까이 있기만 해도 불쾌감이 전염된다. 게다가 이들은 당신을 자기 감정에 끌어들이려고만 할 뿐, 함께 문제를 해결하려는 생각은 추호도 없다.

수습할 수 없는 지경에 이르러 정말 소중한 사람과 일을 잃기 전에 질책하고 원망하기를 그쳐라. 다 잃은 뒤에는 아무리 후회해도 이미 늦다.

우리가 어떤 사람이 되느냐는 결국 어떻게 행동하느냐에 따라 결정된다. 만약 바라지 않는 일이 자꾸 벌어진다면 잠시 멈춰서 혹시 나 자신이 스스로의 희망과 정반대되는 행동을 하고 있지는 않은지 돌아봐야 한다. 또 자신의 행동이 기대했던 것과 다른 결과를 자꾸 불러온다면, 역시 잠시 멈춰 서서 내가 세상을 해석하고 판단하는 방식에 문제가 있지는 않은지 점검해봐야 한다.

영화든 드라마든 주인공이 쉽게 행복해지는 스토리는 아무 감동도 주지 못한다. 물론 실제 현실에서도 행복은 그리 쉽게 얻어지지 않는다. 행복으로 향하는 과정이 험난하고 고통스러울수록 우리는 그 모든 어려움을 이겨내는 주인공의 용기와 지혜에 감동한다. 그들이 행복해질 수 있었던 까닭은 의지를 가지고 고통의 과정을 끝까지 견뎠기 때문이다. 그리고 우리는 그들이 고난을 하나하나 이겨내는 모습을 보며 만족과 감동을 느낀다.

때로 우리는 자신이 모든 것을 통제할 수 있을 것처럼 착각한다. 그러나 그때마다 잔인한 현실은 우리가 아무 능력 없고, 아무것도 통제하지 못하는 가여운 인간이라는 사실을 깨닫게 만든다.

반대로 아무것도 통제할 수 없고, 이해할 수 없고, 받아들일 수 없고, 피할 수조차 없는 총체적 난국에 처한 느낌이 들 때도 있다. 그러나 그런 순간이야말로 한 치 앞도 안 보이는 어둠 속에서 우리를 돕는 손길이 있음을 발견하게 된다. 결국 하늘의 돌보심에 감사할지, 운명의 불공평함을 원망할지는 우리가 자신의 처지를 어떻게 대하고 이해하느냐에 달려 있다.

감정은 친절하게, 태도는 단호하게

누군가 선행한다고 해서 그가 선량함의 진정한 의미를 안다고 장담할 수 없다. 어쩌면 그는 그동안 받아온 도덕교육, 종교, 가정환경의 영향으로 선행하는지도 모른다. 혹은 사회의 인정을 받기 위해서일 수도 있다. 다시 말해 여러 가지 요소가 종합적으로 작용한 결과로 착한 일을 하고, 그로 인해 기분이 좋아지는 것이다. 나는 이것이 '양심'이라고 생각한다.

어떤 것들은 의식적으로 인지하고 왜 그래야 하는지 알고 있지 않아도 마음속에 당연한 이치로 받아들여진다. 또 사람에게는 굳이 증명할 필요 없이 그저 믿어지는 결론이 있기 마련이다. 그것이 바로 '신념'이다.

그렇다면 한 사람이 자기 마음을 편하게 하기 위해 선한 일을 한다면 이기적인 것일까? 물론 그렇지 않다. 자기 마음의 안위를 위해 악한 일을 하는 것이야말로 이기적이다.

동양 문화권에서는 예로부터 '선'을 추구해왔다. 오죽하면

2. 고생 끝에 병이 온다

"인간은 태어나면서부터 선하다."는 경구가 있을까. 처세에 있어서도 항상 선을 지향하는 것을 미덕이라고 여겼다. 인간관계에서는 서로 선을 쌓고 기꺼이 선행해야 하며, 개인은 선한 인격 수양에 힘쓰고 늘 착한 마음을 가져야 한다고 강조했다.

물론 이 말은 옳다. 그러나 선량함은 양날의 검과 같다. 특히 '멍청한 선량함'은 실컷 베풀고 헌신해놓고, 외려 나쁜 사람이 되고 마는 결과를 불러온다. 이런 선량함은 차라리 없느니만 못하다.

직장 생활을 시작한 지 얼마 안 된 W. 그녀는 서글서글하고 열정적이며 친절한 여성이다. 그래서일까. 초반부터 남을 이용해먹기 좋아하는 몇몇 동료들의 눈에 들어버렸다. 처음에는 그녀의 책상 위에 놓인 초콜릿을 허락 없이 집어 먹는 정도였다. 하지만 곧 이틀이 멀다 하고 이런저런 핑계를 만들어대며 그녀에게 밥을 사게 만들더니, 나중에는 대놓고 간식을 넉넉히 챙겨오라고 요구하는 동료까지 생겼다.

하지만 그녀는 묵묵히 견뎠다. 어쨌든 직장 생활에서 좋은 인간관계는 필수고, 이를 잘 유지하려면 어느 정도의 지출과 손해는 감수해야 한다고 생각했기 때문이다. 그러던 어느 날, 그녀가 부탁을 잘 거절하지 못한다는 점을 간파한 동료가 2천 위안(한화 약 34만 원)을 빌려가더니 반년이 넘게 갚지 않았다.

그사이 그녀가 살던 곳의 월세가 크게 올랐다. 결국 용기를 내어 어렵게 동료에게 말을 꺼냈는데, 동료는 뜻밖에 난색하며 말했다.

"방금 고향집에 돈을 보내는 바람에 지금은 돈이 없어. 다음 달에 줄게."

그녀는 어쩔 수 없이 고개를 끄덕였다. 하지만 그로부터 얼마 후, 돈을 빌렸던 동료가 갑자기 회사를 그만뒀다. 그만두는 날까지 아무런 내색도 없었기에 그녀는 더욱 충격이 컸다. 연락처를 죄다 바꾸는 바람에 돈 받을 길도 영영 막혀버렸다. 이 일을 겪은 뒤 그녀는 더 이상 무조건 착하게 굴지 않기로 했다.

행동은 반드시 일련의 연쇄반응을 일으킨다. 그러니 손을 내밀 때는 내밀더라도 반격해야 할 때는 확실히 반격해야 한다. 늘 당하던 사람이라도 한 번만 제대로 반격한다면, 이후에는 그를 괴롭히는 사람이 현저히 줄기 마련이다.

그러나 당신이 세상을 대하는 대로 세상도 당신을 대하는 법이다. 이는 부정할 수 없는 진리다. 만약 당신이 누군가를 공격한다면 반드시 반격에 부딪치게 된다. 비난을 쏟아 부으면 그만한 반박이 돌아온다. 이를 대비하기 위해 알아두면 좋은 팁이 있다. 대화의 성패를 가르는 것은 70%가 분위기, 30%가 내용이라고 한다. 누가 한 말인지는 모르겠지만 진심으로 동의한다.

어떤 사람의 말에서 '가시'가 느껴진다면 그 이유는 구체적인 내용이나 행동 때문이 아니다. 말 자체에서 공격적인 분위기가 뿜어지기 때문이다. 미국의 동기부여 강사 오리슨 마든 Orison Swett Marden은 이렇게 말했다.

"뼈다귀를 들고 욕을 퍼부으며 개를 부른다면, 개는 놀라 도망갈 것이다. 그러나 부드럽고 온화한 목소리로 '이리 오렴, 널 때려죽여주마.'라고 한다면? 개는 반갑게 달려올 것이다."

그만큼 말에서는 '내용'보다 '분위기'가 중요하다.

미국 기업 아마존의 창립자 제프 베조스Jeffrey Preston Bezos는 한 강연에서 이런 에피소드를 언급했다. 어린 시절, 그는 작은 실수를 저질렀다. 어머니가 담배 피우는 모습을 보고 '중2병'이 도져서는 구체적인 수치를 들며 흡연이 건강에 얼마나 큰 해악을 미치는지 일장연설을 한 것이다. 얼마나 모질게 말했는지 몰라도 충격받은 어머니는 결국 울음을 터뜨리고 말았다.

나중에 이 일을 알게 된 할아버지가 베조스를 불렀다. 베조스는 칭찬받겠거니 생각했다. 그러나 할아버지는 칭찬이 아니라, 그가 평생 잊지 못하게 된 말을 했다.

"제프, 똑똑하기보다 친절하기가 훨씬 더 어렵단다."

이야기 끝에 베조스는 명언을 남겼다.

"똑똑함은 재능이지만, 친절함은 선택이다Cleverness is a gift, kindness is a choice."

이 명언에서 'kind'는 단순히 친절하다든가 착하다는 뜻 이상으로 공감, 포용, 타인에 대한 존중의 의미까지 포함한다고 볼 수 있다. 어쨌든 나는 베조스의 말에 전적으로 동감한다. 'clever'는 천부적인 재능이지만 'kind'는 선택이며, 후자가 전자보다 훨씬 어렵다. 똑똑한 사람은 만나기 쉬워도 정말 친절한 사람은 만나기 어려운 까닭도 여기 있다.

아마 인구당 비율을 따져도 똑똑한 사람은 많은 반면, 끝까지 선량함과 친절함을 지키는 사람은 그리 많지 않을 것이다. 그만큼 어려운 일이기 때문이다. 하지만 아무리 어려운 일이라도 절대 선량하기를 포기해서는 안 된다. 어려운 만큼, 우리의 인생에서 선량함을 선택하는 것은 가치 있는 일이기 때문이다.

Chapter 3

지나친 헌신은
헌신짝의 지름길

하늘의 일은 관여할 수 없고,
남의 일은 내가 상관할 바 아니다.
적절한 거리를 유지하면서 오지랖을 부리지도,
남의 오지랖에 휩싸이지도 마라.
현명하게 몸을 사리는 '명철보신明哲保身'의 지혜를 발휘하자.

──────── 어려운 집안 형편 때문에 P는 일찌감치 타지로 나가 일했다. 몇 년을 고생한 후, 그녀는 도시에 넓은 평수의 집 한 채를 마련하는 데 성공했다. 그런데 결혼해서 딸을 낳고 나자 평생 고생만 하신 부모님이 못내 마음에 걸렸다. 결국 그녀는 두 분을 모셔오기로 결정했다. 부모님이 오시면 아이를 봐주실 수 있으니 자신에게도 좋을 터였다.

어머니는 병이 난 남동생을 돌보기 위해 나중에 오시기로 하고, 아버지가 먼저 그녀의 집에 오셨다. 아버지가 아이를 봐주시고 집안일만 조금 거들어주셔도 생활이 훨씬 편해지리라 기대했고, 실제로도 그랬다. 아버지는 매일 아침 6시면 어김없이 일어나 아침 식사를 준비하고 손녀를 깨워 씻기고 옷을 입힌 후, 온 가족을 불러 아침밥을 먹였다.

그렇게 집안일은 아버지의 책임이 됐다. 아침상을 치우고 나면 곧장 장을 보러 갔고, 장을 본 뒤에는 아이와 놀아주다가 점심 준비를 했다. 점심을 다 먹은 후에는 아이를 낮잠 재워놓고 집 안 청소를 했으며, 그러다 보면 어느새 또 저녁 식사를 준비할 때가 되었다.

그 덕에 아버지가 오신 뒤로 P는 살림에 거의 신경 쓰지 않고 살았다. 그런데 그것이 아버지 입장에서는 불만이었는지, 언젠가부터 그녀에게 잔소리하기 시작했다. 처음에는 청소를 왜 안 하느냐, 너무 게으른 것 아니냐며 한두 마디 하던 것이 종국에는 자기 자식도 돌볼 줄 모른다며 큰소리로 나무라는 지경까지 이르렀다.

P는 당황했다. 자신은 부모님과 가족을 더 잘 살게 하겠다는 일념으로 온종일 뼈 빠지게 일하고 있는데, 여기에 살림과 육아까지 신경 쓰라니 너무하지 않은가. 아버지와 갈등이 심해질수록 그녀는 눈물바람이 잦아졌다. 생각할수록 억울했다. 생활비는 충분히 드리고 있었고, 꼭 식사 준비를 해달라고 요구한 적도 없었다.

사실 아버지가 오시기 전까지 자신은 아예 아침을 먹지 않았고, 점심과 저녁도 가게에서 해결했다. 하지만 아버지가 식사를 준비하신 뒤로 그 성의를 외면할 수가 없어서 아무리 늦어도 저녁만큼은 집에서 먹으려 노력했다. 심지어 아버지는 외식을 싫어하셨다. 그러면서 집에서 식사 준비하는 것은 불만이라니, 대체 어느 장단에 맞춰야 할지 알 수가 없었다.

갈등이 도무지 해결될 기미가 보이지 않자 결국 그녀는 아버지를 고향으로 돌아가시게 하고, 대신 어머니를 모셔왔다. 그런데 늘 사이가 좋다고 믿었던 어머니와도 같이 산 지 1달 만에 큰소리가 나기 시작했다. P는 또다시 억울함이 솟구쳤다.

'도시로 모셔와 편히 살게 해드리고, 새 옷도 사드렸잖아. 그런데 왜 부모님은 나랑 같이 잘 지내려고 노력하질 않으시지? 왜 자꾸 고생스러운 농사꾼 생활로 돌아가려 하시느냐고!'

보다 못한 남편이 차라리 언니를 부르라고 권했다. 연배가 비슷하니 공통된 화제도 많고, 더 잘 지낼 수 있지 않겠냐는 것이 이유였다. 남편의 말이 일리가 있다고 생각한 그녀는 언니에게 일을 그만두고 자신의 집에 와서 아이와 살림을 봐달라고 부탁했다. 언니는 흔쾌히 그녀의 뜻에 따랐다. 그러나 불과 일주일도 안 돼 언니 역시 울고불고 한바탕 난리를 친 뒤 돌아가버렸다.

이쯤 되면 자신에게 문제가 있지 않나 고민할 법도 하련만 그녀는 그런 생각을 전혀 하지 못했다. 하지만 반년 후, 영원히 함께 하겠다고 맹세한 남편마저 이혼을 요구했을 때는 항상 '굳건했던' 그녀도 완전히 무너지고 말았다.

"대체 이유가 뭐야? 내가 당신과 아이를 위해 얼마나 헌신했는데! 부모님도 그렇고, 당신도 그렇고, 왜 하나같이 나를 떠나려고 하는 거냐고!"

남편은 한숨을 푹 쉬더니 마음속에 꾹꾹 눌러놨던 이야기를 쏟아냈다.

"스스로 생각해봐. 당신, 한 번이라도 누구랑 끝까지 잘 지냈던 적 있어? 당신은 뭐든 자기 뜻대로 되어야 하는 사람이야. 게다가 누가 됐든 당신이 하라는 대로 하지 않으면 성질을 부리지. 나도, 우리 부모님도, 당신 친정 식구도 죄다 당신 말을 들어야 했어. 아니, 애가 달걀 2개를 다 못 먹는다고 미친듯이 화내는 게 정상이야?

내 어머니가 아이를 봐주러 오셨을 때 당신은 대놓고 싫은 티를 냈지. 난 고부간에 같이 지내기가 껄끄러워서 그러는가 보다 싶어서 어머니를 가시게 했어. 당신 부모님이 오시면 아무 문제 없겠거니 생각했는데 실제론 어땠는지 알아? 자기 부모라서 그런지 몰라도 당신, 훨씬 더 뻔뻔하게 굴더군.

당신이 좋은 사람이라는 거 알아. 가족을 위해 희생한 것도 알고. 하지만 당신이 자신의 헌신을 무기로 다른 사람에게 끊임없이 정서적 폭력을 휘두른다면, 과연 그 헌신에 의미가 있기는 한 걸까?"

그녀는 억울해서 어쩔 줄 몰랐다.

"그럼 잘못하는 게 빤히 보이는데 말 한마디 못해? 내가 왜 그렇게 죽자고 일했는데. 전부 우리 가족 다 같이 잘 살아보자고 그런 거잖아!"

남편이 대꾸했다.

"내가 당신한테 돈을 넘치게 가져다주는 대신, 하루 종일 이것저것 지적해대고 비난한다면 어떻겠어? 풍족하다 한들 과연 이런 삶을 행복하다고 느낄 사람이 있을까? 아무리 큰 희생을 했다고 해도, 그걸 빌미로 주변 사람에게 상처 줘도 되는 건 아니야. 누구라도 그럴 권리는 없다고. 봐, 당신은 자기 엄마조차 펑펑 울면서 도망가게 만들었잖아. 당신은 모든 사람이 자기를 중심으로 돌아야 직성이 풀리는 사람이고, 난 더 이상 그걸 견딜 수가 없어. 다른 사람과 같이 사는 법 자체를 모르는 당신과 더는 함께하고 싶지 않다고."

그 후 남편은 곧장 짐을 싸서 호텔로 갔다. 그리고 꼬박 1달 동안 집에 돌아오지 않았다.

절망에 빠진 P는 사방팔방 다니며 하소연했다. 처음에는 나도 그녀의 가족이 은혜를 모른다고 생각했다. 가족을 위해 자신의 청춘을 전부 바친 여인을 어떻게 이런 식으로 대한다는 말인가. 그러나 그녀와 이야기를 나누면서 점차 깨닫게 됐다. 사실 그녀는 자신이 선의로 기꺼이 헌신했다는 점을 무기로 삼아 정혹은 도덕적 기준을 들이대며 가족들을 속박하고 있었다.

그녀는 자기가 언니에게 돈을 준 일은 기억하면서 언니가 자신을 위해 그보다 더 많은 것을 해주었음은 기억하지 못했다. 산후우울증에 시달릴 때 도움을 못 받은 기억과 몸조리를 제대로 못한 탓에 여기저기 아프다는 것만 생각했지, 부모님과 남동생의 건강 상태가 그녀보다 훨씬 나쁘다는 사실은 간과했다.

그녀는 아이를 낳고 수년이 지나서도 산후조리를 제대로 못한 자신이 불쌍하다며 남편에게 한없이 불만을 늘어놓았다. 그러나 같은 해, 언니 역시 제왕절개로 출산했지만 도와줄 사람이 없어서 혼자 몸조리했다는 사실은 떠올리지 않았다.

P는 자신이 희생했다는 강한 의식과 마땅히 받아야 할 존중을 받지 못했다는 실망감 때문에 매우 괴로워했다. 가족을 위해 자신의 전부를 바쳤는데, 정작 가족은 그 점을 몰라준다는 것이다. 자기가 옳다는 확신이 강한 만큼 그녀는 가족이 먼저 태도를 바꿔야만 문제가 해결될 수 있다고 굳게 믿었다. 자신은 오롯이 '선의'로 모두를 위해 희생했으니, 비록 조금 성질을 부린대도 가족은 전부 받아줘야 하지 않느냐는 게 그녀의 생각이었다.

우리 주변에는 그녀처럼 '억울한' 여성이 많다. 마음씨 착한 그녀들은 자신이 늘 '헌신자'의 역할을 해왔다고 생각한다. 그러나 엄청난 헌신을 한 데 비해 무시당하고, 마땅히 받아야 할 지지와 이해를 얻지 못했다는 억울함과 분노에 사로잡혀 있다. 그러면서도 자신이 옳다고 여기는 '선한 행동'은 그만두지 못한다.

하지만 마음속에는 여전히 이해받지 못했다는 실망감과 뭐라 표현하기 힘든 상처가 있기 때문에 저도 모르게 자꾸 주변인을 끊임없이 판단하고, 질책하며, 원망한다. 온몸 가득 부정적 에너지를 방출하는 것이다. 결국 주변 사람들은 그런 그녀를 견디지 못하고 하나둘씩 떠나기 일쑤다.

사실 그녀들이 바란 것은 '인정'과 '칭찬'뿐이다. 아마 자신의 노고를 인정받고 칭찬받기만 한다면 얼마든지 가족을 위해 더욱 희생하고 노력할 것이다. 그러나 그녀들은 자신이 역효과가 날 수 밖에 없는 방법으로 선의를 표현하고 있다는 사실을 전혀 모른다. 이 같은 무지는 결국 최악의 행동으로 귀결되는데, 바로 '내가 너를 위해 헌신했다.'는 점을 인정하고 긍정하라고 상대에게 강요하는 것이다.

그녀들의 가장 결정적 실수는 이러한 강압적 행동이 사실은 제일 큰 악행임을 전혀 인지하지 못한다는 점이다. 남에게 자기 뜻에 따라 움직이기를 강요하는 것은 스스로를 모욕하고, 짓밟으며, 자존감을 낮추고, 심지어 아직 짓지도 않은 '죄'를 회개하라고 상대에게 종용하는 것이나 다름없다.

나는 이러한 심리적 압박을 받은 사람이 왜 반항하지 못하고 침묵할 수밖에 없는지 이해한다. 무의식적으로 준 상처가 더 고통스럽기 때문이다. 극단적인 행동을 한다고 해서 그 사람이 우리와 전혀 다른 존재이거나 이해 불가능한 '악마'는 아니다. 대개의 경우, 그도 우리와 같은 평범한 사람이다. 다만 때로 우리가 헌신이고 선의라고 여기는 것을 상대는 다르게 느끼고 받아들일 수도 있을 뿐이다.

남편의 이혼 요구는 P에게 엄청난 충격을 안겼다. 비록 여기저기에 하소연하며 자신이 위대한 '헌신자'였음을 어떻게든 인정받으려 했지만, 한편으로는 어렴풋이 자기 잘못도 있을지 모른다고 느꼈다. 만약 주변 사람이 전부 자신에게 문을 닫아버린다면, 어쩌면 남을 한 번도 제대로 받아들이지 못했던 우리의 내면에 원인이 있을지도 모른다.

그래서 그녀는 상담심리사를 찾아가 특별 심리 치료를 받았다. 일정 기간 치료를 받은 후, 그녀는 남편을 찾아가 자신이 변하고 노력할 테니 반년만 더 기회를 달라고 부탁했다. 그리고 반년 뒤에도 여전히 변한 게 없고 서로 맞지 않는다면, 그때는 이혼해주겠다고 말했다.

그녀는 변하겠다고 한 자신의 말을 지켰다. 먼저 누가 시키지도 않았는데 선물을 사 들고 시어머니를 찾아가 잘못을 빌었다. 예전에는 어머니에게 불만이 있었다는 점도 솔직히 고백했다. 하지만 이제 와 생각해보면 전부 세대 차이나 생활 방식이 달라서 벌어진 일이었다며, 지금은 안 좋은 마음이 전혀 없으니 언제든 편하게 집에 오시라고 말했다. 그런 뒤에는 자신의 부모님에게 연락해서 과거 패악을 부렸던 자신을 용서해달라며 진심으로 화해를 청했다. 그녀는 더는 사소하고 자질구레한 일에 얽매이지 않았다. 또한 자신과 타인의 다름을 받아들이고, 함부로 성질내지 않는 법을 배웠다.

P가 변하자 그녀를 대하는 부모님의 태도도 변했다. 심지어 가게 직원과 손님들도 예전보다 그녀를 더욱 호감 있게 대했다. 장사도 더 많은 이윤을 내기 시작했다. 반년 후, 그녀는 남편에게 아직도 이혼을 원하느냐고 물었다. 그러자 남편이 웃으며 말했다.

"지금이라면 아마 어머니가 더 반대하실 걸. 어찌나 '우리 며느리, 우리 며느리' 하시는지! 어제도 당신이 마사지 팩 해준 이야기를 하면서 아이처럼 좋아하시더라. 그런데 어떻게 당신과 헤어지겠어?"

처음부터 혼자서
다 주지 마라

━━━━━━ 연애와 결혼에서 '헌신'은 있을 수밖에 없다. 다만 어느 쪽이 얼마큼 헌신하든, 쌍방이 모두 수용하고 인정해야만 합리적인 헌신이라 할 수 있다. 그렇지 않고 한쪽이 일방적으로 바보처럼 헌신하거나 헌신을 강요당한다면 이는 비정상적인 것이다.

만약 상대가 당신을 진심으로 사랑하고 존중한다면 당신의 '헌신'을 당연히 여기거나 당당하게 요구하지 않을 것이다. 마찬가지로 당신 또한 '내가 너를 위해 이만큼 헌신했다.'며 상대의 인생을 옭아매거나 온 세상이 당신에게 빚진 듯한 느낌에 사로잡히지 않을 것이다. 사실 이런 식의 행동은 당신 스스로 푸대접하는 것이나 다름없다. 그러니 '아름답게 헌신'할 생각하지 말고, '더 잘 살아볼' 생각을 하라.

한 여성이 심리 상담을 요청해왔다. 억울함이 가득한 표정으로 그녀가 꺼내놓은 이야기는 이랬다. 남편과 그녀는 대학 동기였는데, 졸업 후 취직이 되지 않자 남편은 공부를 더 하기로 했다. 그래서 그녀는 공무원 시험을 포기하고, 자신이 돈을 벌어 남편의 학업 뒷바라지를 하기로 결정했다. 이후 몇 년 동안 집안 경제는 물론 살림까지 전부 도맡았다.

4년 후, 남편은 대학원을 졸업한 뒤 상하이에 좋은 직장을 구했다. 그동안 그녀 역시 회사에서 노력을 인정받아 중견 직책까지 오른 상태였다. 하지만 남편의 직장이 훨씬 안정적이고 복리 후생도 좋았기 때문에 남편을 따라 직장을 상하이로 옮겼다. 주거지를 옮긴 지 얼마 되지 않아 두 사람 사이에 아이가 생겼고, 아이를 돌보기 위해 그녀는 전업주부의 길을 선택했다.

그렇게 또다시 3년이 흘렀다. 안 그래도 최근 남편과의 사이가 부쩍 소원해졌다고 느끼던 찰나, 남편이 폭탄선언을 했다. 이혼을 요구한 것이다. 그녀는 기가 막혀서 어쩔 줄 몰랐다. 조강지처를 버려도 유분수지, 남편이 어떻게 이럴 수 있단 말인가. 결혼한 후 줄곧 남편의 일을 최우선으로 생각해온 그녀였다. 자신은 오직 남편을 위해 황금 같은 기회를 몇 번이나 포기하고 한결같이 내조에 힘썼건만, 그 결과가 이혼이라니 기가 막힐 노릇이었다. 하지만 남편은 뻔뻔하게 응수했다.

"내가 언제 당신더러 내 공부 뒷바라지하랬어? 아니면 나 따라서 상하이로 오라고 했어? 전부 당신이 선택한 거잖아. 어차피 과거를 되돌릴 수는 없고, 현실은 이런데 어쩌겠어. 난 더 이상 당신을 사랑하지 않아. 그런데 억지로 붙들어봤자 무슨 소용이야?"

남편의 말에 그녀는 거의 미칠 지경이었다. 지난 수년 동안 자신이 해온 헌신이 전부 쓸모없어졌다는 사실이 한스러운 것은 아니었다. 그보다는 그것이 엄청난 잘못이었음을 모른 채 기꺼이 스스로를 희생해온 자기 자신이 가장 원망스러웠다.

만약 처음부터 남편이 일에서 성과를 거두고 든든한 버팀목으로 서주었다면 어땠을까? 그랬다면 두 사람은 여전히 서로를 사랑했을지 모른다. 그녀 역시 남편을 지원하고 양보하는 것이 가치 없는 일이라 느끼지 않았을 것이다. 또 만약 결혼하고 7년 뒤에 남편이 자신을 버리게 될 것을 미리 알았다면? 아마 그녀가 자기 실력을 키우고 얼마든지 독립할 수 있는 기회를 스스로 차버리는 일 따위는 없었을 것이다. 혹은 전적으로 헌신한 사람이 그녀가 아니라 남편이었다면? 그녀는 한 분야의 전문가로서 지금의 남편보다 훨씬 대단한 성과를 올렸을지 모른다.

그러나 안타깝게도 인생에서 '만약'이라는 단어는 아무런 힘도 발휘하지 못한다. 게다가 솔직히 따져보자. 만약이 사실이 되어서 그녀가 사업적으로 성공한 쪽이 되었다면, 그래서 무능력한 남편과 다른 뛰어난 남자들을 매일같이 비교하게 되었더라면, 그녀라고 이 결혼 생활을 계속할 의지가 있었을까? 아마 아니었을 터. 이것이 바로 냉정한 현실이다.

부부 사이든 연인 관계든, 나 스스로 원해서 한 선택에 이제 와 '헌신'이라는 꼿말을 붙여버리면 베푼 쪽이나 받은 쪽이나 모두 마음에 무거운 짐을 짊어지게 된다. 그녀가 남편의 학업 뒷바라지를 하기로 선택한 것은 상대를 진심으로 위한다는 선량함이 있었기 때문이다. 그러나 상대의 일을 지지하기 위해 자신의 커리어를 포기한 것은 '불필요한 헌신'이었다.

여기서 감정적인 면을 제거하고 좀 더 객관적으로 분석해 보면 더욱 잔인한 진상이 드러난다. 바로 남편이 일에서 성과를 거둘 수 있었던 요인에는 분명히 가족의 적극적인 지원도 한몫했지만, 궁극적으로는 자기 자신의 노력이 더 큰 역할을 했다는 점이다.

결혼 생활에서 각자의 '헌신 비율'을 따지며 서로 마땅히 가져야 할 책임감을 운운하는 것은 감성적으로는 지혜롭지 못한 처사다. 왜냐하면 이는 결혼 생활을 투자 행위로 보는 것이나 다름없기 때문이다. 사례 속 여성은 자신의 시간과 청춘, 인내심, 일 욕심, 미래 발전 기회를 투자해서 남편의 성공과 감사, 진정한 사랑, 변하지 않는 마음을 회수하고자 했다. 그러나 결과는 그녀의 바람과 달랐고, 결국 '본전도 못 건지게' 돼버렸다. 설혹 이혼 판결을 통해 물질적 보상은 받을 수 있을지 몰라도 그간 손해 본 인생은 영영 보상받을 수 없게 된 것이다.

그래서일까. 우리는 주변에서 이런 원망과 하소연을 종종 듣게 된다.

"가족을 위해 내가 얼마나 많이 헌신했는데, 결국 돌아온 건 배신이라니!"

"그를 위해 내 커리어까지 포기하고 내조의 여왕이 됐는데, 헤어지자네요."

"아내 때문에 친구랑 가족과 등졌어요. 그리고 오로지 아내와 아이를 위해 살아왔는데, 이제 와서 남자가 배포도 없냐며 한심하다네요."

이들의 하소연에 공통적으로 깔린 단어가 있다. 바로 '헌신'이다. 이들은 마치 헌신이 결혼과 연애 생활에서 결정적인 패를 갖는 비법이라도 되는 양 생각한 모양이다. 하지만 논리적으로 생각해보자.

한 사람의 '헌신'이 다른 사람을 성공시키는 유일한 조건이라고 할 수 있을까? 전혀 그렇지 않다. 심지어 직접적인 인과관계가 있는지도 불투명하다. 만약 그렇다면 자신을 위해 헌신해줄 배우자가 없는 독신자는 평생 성공하지 못해야 하는 것 아닌가? 하지만 현실을 보라. 성공한 독신자가 얼마나 많은가!

안타깝지만 대개 우리가 헌신이라고 생각하는 것은 불필요한 지출에 불과하다. 그리고 이는 결국 쌍방 모두에게 무거운 감정적 짐으로 남는다. '베푼 쪽'은 처음의 헌신적 행동을 끊임없이 지속하며 일관된 이미지를 유지해야 한다는 중압감에 시달릴 수 있다. 하지만 헌신이 엄청난 부담과 짐이 되어버린 후에도 좀처럼 이를 그만두지 못한다. 갑자기 행동을 바꾸면 여태껏 해온 헌신이 아무것도 아닌 게 되어버리기 때문이다.

그 대신 인정받고 싶다는, 상대에게서 더 큰 반응과 감사를 얻어내고 싶다는 강렬한 소망이 마음속에 차곡차곡 쌓여간다. 그래서 상황이 기대한 방향으로 흘러가지 않으면 금세 내면의 평정을 잃고, 두 사람의 관계에 대해 강한 의구심과 절망감을 드러내게 된다.

'받는 쪽'이 느끼는 심리적 중압감도 '베푼 쪽' 못지않다. 상대의 헌신을 발판으로 삼은 만큼 경제적, 사회적 측면에서 더 나은 상태를 만들어 제공해야 한다는 압박에 시달리기 때문이다. 사실 가정을 경제적, 사회적으로 안정시키는 일은 부부의 공동 책임이다. 그런데 이 책임을 한 사람이 온전히 지게 된다면 압박감이 얼마나 크겠는가.

다행히 성공을 거두고 두 사람의 감정도 큰 변화가 없다면 모두에게 잘된 일일 것이다. 그러나 혹시라도 일이 잘못되거나 기대에 못 미치면 '받는 쪽'은 '베푼 쪽'의 원망과 질책을 들을 각오를 해야 한다. "내가 이렇게나 헌신하는데, 당신은 양심도 없어?"라는 식으로 말이다.

만약 자기 삶의 필요를 온전히 상대에게 기대어 채우려고 했다면, 설혹 상대가 실망을 안긴다고 해도 원망하지 말아야 한다. 부부는 혈연관계가 아니다. 부부를 가장 강하게 묶어주는 것은 서로에 대한 사랑과 정이다. 감정이 없으면 책임과 의무도 힘을 발휘하지 못한다. 사랑이 없으면 예전에 아무리 애틋했던 관계라도 얼마든지 빚 독촉을 하듯 서로를 비방하고 공격할 수 있다. 그래서 애정이 사라진 혼인 관계는 억지로 유지하기 힘들다. 물론 처음부터 이럴 줄 알고 결혼하는 부부는 없겠지만 말이다.

당신이 그 또는 그녀의 인생에 참견하지 않는다면 상대는 여태껏 해오던 대로 잘 살거나 심지어 지금보다 더 자유로워질 수 있다. 사랑하는 사이는 평등해야 한다는 당연한 이치를 잊은 채 '사랑'이라는 명목으로 지나치게 헌신하고, 이를 무기 삼아 상대에게 자신의 기대를 채워주기를 강요하는 것은 지켜야 할 선을 넘은 것이나 다름없다.

진정한 사랑은 상대가 정말 필요로 하는 것을 준다. 만약 내가 사랑해서 한 행동이 상대의 관심을 얻지 못하거나 심지어 거부를 당한다면, 그리고 나 역시 상대의 이런 행동에 기분이 상했다면 당장 그 자리에 멈춰서 자신의 진짜 동기가 무엇인지

곰곰이 생각해봐야 한다.

그러나 속으로는 불만이 가득하면서도 고집스레 헌신을 계속하는 사람이 적지 않다. 왜일까? 상대가 떠날까 두렵고, 나를 필요 없는 존재로 여길까 겁나고, 의지할 곳을 잃고, 혼자 힘으로 서야 될까 봐 걱정되기 때문이다. 하지만 무엇이 됐든 이는 진짜 사랑이 아니라 공포에 불과하다.

우리가 누군가로부터 상처를 받아도 참는 이유는 그 누군가를 사랑하기 때문이다. 마찬가지로 우리가 항상 나를 사랑하는 사람에게 상처를 주는 까닭은 나를 사랑하지 않는 사람에게는 애당초 상처를 줄 수 없기 때문이다.

만약 당신이 말하는 사랑의 행동이 이런 것이라면 부디 당장 멈추고, 자신의 미성숙함을 인정하기 바란다. 미성숙한 사람은 자기 자신을 돌보기도 벅차다. 그런데 남을 위해 헌신할 여력이 어디 있겠는가. 그보다는 먼저 자기 자신의 성장에 시간과 에너지를 온전히 쏟아 붓기를 간곡히 조언한다.

누구를 위해
살지 않아도 돼

─────가족이, 부모가, 배우자가 자신이 옳다고 믿는 방식으로 우리를 사랑할 때가 적지 않다. 그들은 너무나도 맞는 이치로 자신의 경험을 이야기하며, 인생은 이렇게 살아야 한다고 말한다. 하지만 그들이 간과한 사실이 있다. 이 세상에 남의 뜻대로 살기 위해 태어난 사람은 한 명도 없다는 사실이다.

자기 기준대로 사랑을 베푸는 사람들은 상대와 갈등이나 다툼, 고통이 생기면 매우 억울해한다. 그리고 "다 그 애가 잘 되라고 그랬다."든지 "그가 고생할까 봐, 상처 받는 일이 생길까 봐 두려워서 그랬다."고 하소연한다.

그들이 느끼는 두려움은 자기 위주의 감정에 불과하다. 자신이 믿는 방식대로 사는 게 최선의 선택이라고 착각하기에 상대가 그 길을 따르지 않으면 두려움에 빠지는 것이다. 실상을 들여다보면 그저 자기 마음 편하자고 그러는 경우가 대부분이다. 정말 사랑한다면 상대의 선택을 존중해주고, 스스로 원하는 방식에 따라 살게 해주어야 한다. 설령 고생길을 선택한대도 그 역시 상대의 권리임을 인정해주는 것이 진짜 사랑이다.

사랑이라는 이름으로 가장 쉽게 행하는 폭력은 상대에게서 선택할 권리를 빼앗는 것이다. 만약 사랑이 한편의 일방적인 행동으로만 이뤄진다면 그런 사랑은 차라리 없는 편이 낫다.

어려서부터 지긋지긋할 정도로 가난했던 여자가 있다. 그녀는 부자가 되는 것이 가장 큰 꿈이었다. 그래서 고등학교를 졸업하자마자 도시로 가서 돈을 벌었다. 고향에 집을 짓기 위해, 남동생의 결혼 자금을 모으기 위해 그녀는 일개미처럼 일했다. 매일이 죽을 것처럼 힘들었지만 꿋꿋이 버틴 이유는 오직 하나, 가족이었다.

처음에는 공장의 조립라인에서 시급제로 일했다. 당시 그녀의 기본급은 겨우 800위안 수준이었고, 잔업수당은 시간당 20위안이었다. 좀 더 많이 벌기 위해 그녀는 거의 매일 잔업을 했다. 그렇게 1달이 지난 후, 그녀의 손에 1천 위안이 조금 넘는 돈이 쥐어졌다. 그녀는 생활비로 쓸 돈만 아주 조금 남기고, 나머지는 전부 고향 집에 부쳤다.

이런 나날이 꼬박 2년간 이어지던 어느 날, 그녀는 낯선 도시에서 우연히 언니와 만났다. 언니는 고향의 가족들과 크게 싸우고 홧김에 집을 나온 터였다. 두 사람은 같이 살기로 하고, 한동안은 어려운 집안을 일으키기 위해 함께 열심히 일하고 노력했다. 그러나 얼마 안 가 언니는 온다 간다 말도 없이 사라져버렸다. 생각해보면 떨어져 산 2년 동안에도 언니는 그녀에게 기별 한 번 하지 않았다.

몇 년이 지난 후, 언니가 먼저 그녀에게 자신은 잘 지낸다며 연락해왔다. 그런데 이야기를 하다 보니 언니는 건달 같은 놈팡이와 살고 있었다. 심지어 결혼을 약속한 사이도 아니라는 말에 조바심이 난 그녀는 결국 참지 못하고 언니가 산다는 곳으로 달려갔다. 어떻게든 설득해서 데려올 요량으로 달려간 길이었지만, 언니가 끝까지 싫다는 바람에 결국 혼자 돌아오고 말았다. 그녀로서는 쓰레기 같은 남자에게 목매는 언니가 도무지 이해되지 않았다. 그 길로 가족을 찾아간 그녀는 언니가 얼마나 이상한지, 얼마나 잘못하고 있는지 하소연하며 눈물을 흘렸다.

또 얼마간의 시간이 흐른 후, 언니는 마침내 그 '쓰레기 남'과 헤어졌지만 여전히 가족과 거리를 두고 살았다. 서로 어느 도시에 살고 있는지는 알고 있지만, 먼저 연락하지 않는 이상 언니에게 연락이 오는 일은 없었다. 어쩌다 연락이 오더라도 언니의 뒤치다꺼리를 해야 했다. 하지만 가족을 사랑했던 그녀는 언니에게 군말 없이 도움의 손길을 내밀었다.

한눈팔지 않고 꾸준히 노력한 덕에 그녀는 어느새 자기 사업을 하게 됐다. 도시에 번듯한 집을 마련해 당장 부모님을 모셔왔고 언니에게도 같이 살자고 청했다. 그런데 같이 산 지 이틀도 되지 않아 자매는 크게 싸우고 말았다. 그 후로 2달이 채 가기 전에 몇 차례 더 큰 싸움이 벌어졌다.

언니는 자신을 향한 그녀의 사랑과 헌신을 이해하지 못했다. 심지어 네가 준다는 편안한 생활보다 밖에서 거지같이 사는 게 훨씬 낫다며 독설을 쏟아 부었다. 그녀는 대성통곡했다. 자신은 온 가족이 다 함께 잘 살고 싶다는 생각밖에 없었는데, 그것이 그녀 혼자만의 소원이라는 사실이 너무나 속상했다. 언니가 화를 내고 집을 나가버린 후에도 그녀는 언니가 왜 그러는지 도무지 이해하지 못했다.

하지만 그녀가 미처 깨닫지 못한 사실이 있었다. 오랜 세월에 거쳐 줄곧 강한 역할을 자처하는 동안, 어느새 그녀에게는 가족에 대한 사랑과 그들을 돌봐야 한다는 의무감이 감당할 수 없는 인생의 짐이 되어버렸다는 점이다. 그 탓에 자신에게 무의식적으로 일종의 강한 통제 욕구가 생겨났다는 사실도 알지 못했다. 게다가 그녀의 내면에는 온 가족이 자신이 추구하는 생활을 함께해야만 한다는 욕망이 굳게 자리 잡고 있었다.

그 결과, 그녀는 가족들에게 무조건 자신이 계획한 대로 움직이라고 강요했다. 툭하면 가족들 대신 결정을 내렸다. 가족들도 자신과 같은 것을 원하거나 자신은 그들에게 필요한 것을 잘 알고 있다고 생각했기 때문이다. 예를 들어 그녀의 아이는 피아노 배우기를 싫어했지만 그녀는 매일 억지로 연습을 시켰고, 가족들에게도 아이가 연습하도록 감독하라고 지시했다. 이러한 독선이 결국 그녀와 같이 사는 모두를 고통으로 몰아넣었다.

훨훨 타는 횃불을 들고 바람이 불어오는 방향과 반대로 가면 손을 크게 데이고 만다. 마찬가지로 아무리 사랑이라도 억지로 강요하면 결국 불행해지고 만다. 무언가를 붙잡으려고 하면 할수록 잘못된 집착에 빠지기 쉽다. 하물며 인생은 누구나 혼자 힘으로 버텨내야 하는 것이 아닌가. 사람은 누구나 홀로 태어나서 홀로 죽는다. 이를 대신해줄 수 있는 이는 아무도 없다. 그런데 어떻게 남의 인생에 나의 기대를 걸 수 있겠는가?

만약 사랑하는 사람에게 자신의 방식대로 자신이 추구하는 행복을 좇으라고 끊임없이 요구한다면, 어떤 점에서는 인지 모델에 문제가 있다고 볼 수 있다. 일례로 '고생'을 인생에서 반드시 피해야 하는 부정적인 것으로 생각하는 사람이 있는데, 이들은 사랑하는 이가 마땅히 고생해야 할 때조차 지나치게 간섭하고 과보호하는 경향을 보인다. 물론 본인은 사랑해서 한 행동이라고 주장하겠지만 결과적으로는 상대의 성장을 방해하기에, 엄격히 따지면 사랑하는 이를 존중하지 않는 처사다.

사람은 누구나 고난을 겪고 인생에 대해 심도 있는 경험을 해봐야만 비로소 풍성한 영혼을 가질 수 있다. 그리고 이는 행복을 얻는 중요한 근원이 된다. 현실의 행복이란 필연적으로 행운과 불행이 적절한 비율로 섞인 결과물이기 때문이다. 사람은 누구나 자신이 원하는 성장 방식을 선택할 권리가 있다. 고생길이든 탄탄대로든, 스스로 선택한 이상 그에게는 그것이 최선이다.

누구나 한 번 사는 인생, 소유할 수 있는 것은 재산이나 명성뿐이 아니다. 여러 가지 경험과 느낌도 중요하다. 살면서 겪는 화와 복, 득과 실, 기쁨과 고통은 그 자체로 모두가 소중한 성과다. 운명이 아무리 잔인하게 우리를 시험한다 해도 마음의 소득만 있다면 이미 보상을 얻은 셈이다. 러시아 소설가 도스토옙스키는 도박장에서 비참하게 털린 후, 도박 심리를 묘사한 소설을 쓰고 그만의 휘황찬란한 방식으로 승리하지 않았던가.

자신의 사랑이 타인의 상처가 되지 않게 하라. 정말 사랑한다면 스스로 겪고, 느끼고, 고생하고, 눈물 흘리도록 두어라. 왜냐하면 그것이야말로 그들의 인생에서 가장 중요한 권리 중하나이기 때문이다.

너무 가깝지도,
멀지도 않은 사이

———— 내가 아는 지혜로운 선생님에게 수의 본질은 무엇이
냐고 질문한 적이 있다. 선생님은 이렇게 답했다.

"수 자체가 반영하는 본질 중 하나는 경계다. '1+1=2'는 완
전히 똑같은 것 2개가 더해진다는 뜻이 아니라 각자 경계를 가
진 어떤 사물 2개가 서로 연결된다는 것을 의미한다. 만약 피
차간에 구분이 없다면, 숫자 1과 숫자 2는 수 본연의 의미를
잃고 만다."

이 세상에 완벽하게 동일한 2장의 이파리가 존재하지 않듯
이 완전히 같은 가치관을 가진 2명의 사람도 존재하지 않는다.
성장 환경과 교육 배경이 다르고, 읽은 책이나 만나온 사람도
전부 다르기 때문이다. 그렇기에 자연히 신념 체계나 문제를
보는 시각, 해결 방법 역시 사람마다 천차만별일 수밖에 없다.

남과 나의 경계를 명확히 인식하고 있는 사람은 서로의 다
름을 인정하고 존중한다. 반면 이러한 경계 의식이 희미한 사

람은 남과 자기 자신의 행동에 차이가 보일 때마다 고통스러워하며 묻는다.

"일을 왜 이렇게 해?"

"어떻게 나한테 이럴 수 있어?"

"왜 그런 식으로 생각해?"

이들은 다른 사람이 자신의 생각대로 행동하지 않는 이유를 이해하지 못한다. 자기중심적 사고에 워낙 익숙한 탓에 각자의 경계를 이해하지 못하고, 피차간의 다름을 인정하지도 못하는 것이다. 대부분은 항상 다른 사람이 틀렸다고 생각한다. 그래서 종종 '정도가 지나치게' 타인의 경계를 침범하는 우를 범한다.

중국 작가 루쉰魯迅이 그려낸 아Q는 이런 사고방식을 가진 사람의 전형적인 예다.

"석 자 세 치쯤 되는 나무판자로 만든 의자를 미장(未莊, 아Q가 기거하는 마을 이름) 사람들은 '장의자'라고 불렀는데, 성 안 사람들은 '긴 걸상'이라고 했다. 그때마다 아Q는 속으로 성 안 사람들이 틀렸다며 비웃었다. 또 미장에서는 대구튀김 위에 파를 반 치 길이로 썰어 얹는 반면 성 안에서는 파를 쫑쫑 썰어 얹는 것을 보고 또 생각했다. '그건 틀렸는데, 참 우습구면!'"

실제로 자기중심적 사고방식을 가진 사람들은 아Q처럼 종종 우스운 장면을 만들어내거나 안타까운 감정을 느끼게 한다.

이 세상에는 세 종류의 일이 있다. 내 일, 남의 일, 하늘의 일이 바로 그것이다. 그런데 하늘의 일은 아예 내가 관여할 수 없는 범위에 있고, 남의 일은 내가 상관할 바가 아니다. 결국 나는 내 일만 잘하면 된다. 하지만 개인 간의 경계 의식이 취약한 동양권 국가에서는 자아와 세상을 명확히 인지하고 구분하도록 하는 교육이 부족한 실정이다.

경계 의식이 모호한 사람은 자기 의견이나 자기가 아는 정보를 수시로, 마음대로 남에게 전달하려 한다. 예를 들면 인터넷상에서 별다른 의미 없이 장황하기만 한 글을 시시때때로 올리는 식이다. 심지어 이들이 쓰는 글은 대개 논리적 추론을 통한 증명이나 진지한 사유 없이, 자극적인 예를 동원해 편향된 관점을 주장하는 경우가 많다.

그런가 하면 남들은 절대 모를 것이라 단정하고 별 필요도 없는 정보를 퍼 나르기도 한다. 사실 그들이 이런 행동을 하는 배경에는 '내가 배운 것이 옳고 좋으니 너도 마땅히 배우고 동조해야 한다.'는 생각이 은연중에 깔려 있다.

이런 사고방식을 가진 사람을 만날 때마다 나는 그리스 영화 '송곳니'의 한 장면이 떠오른다. 외부와 철저히 격리된 집에서 권위적인 부모가 세 자녀에게 여러 가지 단어를 가르치는 장면인데, 그 내용이 뭔가 이상하다.

"오늘 우리가 새로 배울 단어는 바다, 고속도로, 하이킹이야. 바다는 가죽 소파의 일종이야. 피곤하면 바다에 앉아서 쉴 수 있어. 고속도로는 아주 강한 바람이지. 하이킹은 매우 단단한 목재를 뜻한단다···."

영화 속 부모가 이처럼 단어의 뜻을 엉뚱하게 가르친 이유는 오직 하나, 자녀들이 세상을 인지하는 방식을 철저히 통제하기 위함이다.

개인마다 자신의 경험에 따라 복제 불가능하고 절대 타인과 유사할 수 없는 체험의 스펙트럼을 가진다. 그리고 이를 통해 역시 절대 유사할 수 없는 인지 체계를 세운다. 그렇다 보니 타인에 대해 추측하고, 숙고하고, 평가할 때도 어쩔 수 없이 자신의 좌표에서 출발하게 된다.

문제는 그 과정에서 상대도 나름의 체험 스펙트럼이 있으며, 나와 전혀 다른 인지 체계를 가지고 있다는 사실을 완전히 잊어버린다는 점이다. 즉, 아무리 다른 사람의 입장에서 생각한다고 해도 상대의 감정과 인지 체계를 결코 세밀하게 알 수 없다는 것이다. 결국 여기서 인간관계의 수많은 문제가 비롯된다.

대다수 사람이 평범하게(주로 아무것도 하지 않으며) 사는데도 평범 속의 행복을 누리지 못하는 이유는 인지능력이 결여되어 있기 때문이다. 사실 이들은 모순의 종합체라 해도 과언이 아니다. 자존심이 엄청난 동시에 자기 비하감도 엄청나고, 눈은 높은데 실력이 없으며, 안목은 좁으면서 이상만 높은데다 이 중잣대도 모자라서 삼중, 사중, 심지어 다중잣대를 휘두른다. 때로는 자기가 원하는 바를 남에게 들이대고, 또 때로는 자신이 원하지 않는 바를 들이댄다.

경계 의식이 결여된 사람은 대개 다른 사람의 선택도 잘 존중하지 못한다. 그래서 남이 자기 의견을 기꺼이 받아들이지 않거나 인정하지 않으면, 자신이 옳다고 생각하는 바를 관철하기 위해 불필요한 부담까지 떠안는다. 그리고 자신이 남을 위해 부담을 떠안은 만큼 남도 그렇게 해주기를 바란다. 그 결과 인간관계에서 끊임없이 어려움을 겪는다.

물론 이러한 고통을 벗어날 길이 아예 없는 것은 아니다. 친밀한 거리를 적당히 유지하고, 타인의 경계를 침범하지 않으며, 자신의 행동과 선택에 책임지면 된다.

자신을 새롭게 발견하고, 자아의 경계를 확립하며, 독립적인 성장을 완수하는 것. 이는 결코 쉬운 일이 아니다. 왜냐하면 우리는 이미 자신의 의식 체계에 내재화된 논리에 따라 행동하는 데 너무 익숙해져 있기 때문이다. 행동을 바꾸려면 먼저 기존의 의식 체계를 해체하고 재정립하는 과정이 필요하다. 즉, 익숙해진 고정관념을 타파하고 사고방식을 새롭게 세워야 한다.

아마 이런 과정을 기꺼워하는 사람은 없을 것이다. 지금까지 당연하게 여겨온 모든 사고와 행동 방식을 완전히 부정해야 하기 때문이다. 기존의 나를 철저히 무너뜨리고 새로운 나로 거듭나는 일이 말처럼 쉬울 리가 없다. 그러나 미래에 더 행복한 삶을 영위하고 싶다면 아무리 어렵고 힘들더라도 반드시 해야 한다.

지금부터 내가 조언하는 내용은 나 자신을 새롭게 재건하는 방법이다. 행복해지기를 바라는 모든 사람에게 유익할 것이다. 그렇다면 우리는 어떻게 해야 타인과 적당한 거리를 유지하면서 새로운 나 자신으로 거듭날 수 있을까?

하나, 친밀한 대상에 대한 과도한 의존을 버리고, 자기 자신을 긍정하고 의지하는 법을 배운다. 즉, 남의 눈치를 보며 전전긍긍하지 말고, 내 생각을 밀고 나가야 할 때는 굳건히 밀고 나간다.

둘, 시시때때로 자신이 가진 관성적 사고의 문제점을 점검하고 스스로의 행동을 반성해본다. 잠깐의 감정에 휘둘려서 금세 무언가를 긍정하거나 부정하는 것은 금물이다. 당장 나쁜 결과가 눈에 보이지 않는다고 해서 아무것도 바꿀 필요가 없다는 안일한 생각에 빠지는 일 역시 금물이다.

셋, 잊지 말자. 뛰어난 사람이란 무의식 중에도 더욱 나은 자신이 되기 위해 노력하는 사람이다.

넷, 오해와 몰이해는 어차피 감내해야 할 일상적 현상이다. 그러니 나를 이해해달라고 남에게 매달리지도, 남의 비위를 맞추자고 자신을 몰아붙이지도 마라.

다섯, '모든 것이 가능하다.'는 말을 기억하자. 어떤 일도 벌어질 수 있다는 가능성을 인정하고, 미리 마음의 준비를 하라는 뜻이다. 갑자기 승진하거나 월급이 오를 수도 있고, 병을 얻거나 괜한 시비에 휘말릴 수도 있다. 당신이 우물에 빠졌을 때 친구들은 당신을 구해줄 수도 있지만 모른 체하거나 심지어 돌을 던질 수도 있다. 이런 경우에는 원망에 빠져 있지 말고 최대한 빨리 적절한 대응 방법을 찾는 게 답이다. 비가 내리면 우산을 써야지, 왜 비가 내리느냐고 원망해봤자 무슨 소용이겠는가.

여섯, 거절하는 법을 배우겠다고 나 자신과 약속하자. 남을 거절하지 못하는 사람은 대개 자신이 감당할 수도 없는 일까지 떠안기 마련이다.

일곱, 지나치게 오지랖을 펼치지도 말고, 남의 오지랖에 휩싸이지도 말자. 다른 사람의 선택은 나와 무관하며, 사람은 누구나 실수하거나 고통을 경험할 권리가 있다. 내가 사랑하는, 혹은 나를 사랑하는 사람에게 이렇게 말하자. "내가 필요 없다면 절대 간섭하지 않을게. 하지만 나를 필요로 한다면 언제나

네 곁에 있을 거야."

여덟, 하고 싶은 일이 있다면 남의 손을 빌리지 말고 스스로 하라. '실망'과 '절망'이 무엇인지 철저히 경험해보고 싶다면 남의 손을 빌려도 좋다. 또 다른 사람이 자기 일을 어떻게 처리하든 내게는 그에 대해 이러쿵저러쿵할 권리가 없으니, 존중하고 받아들여라. 관계가 어느 정도까지 나빠질 수 있는지 알고 싶다면 제멋대로 간섭해도 좋다.

거절하지 못하면
거절당한다

──────싹싹한 남자 후배가 있다. 그는 무슨 일을 시키든 시원시원하게 대답해서 상사의 호감을 샀다. 그런데 얼마 지나지 않아 상사는 일이 그에게만 넘어가면 결과물이 유독 늦어진다는 사실을 깨달았다.

나중에서야 그가 기본적인 업무 지식조차 숙지하지 못했음을 알았다. 효율적으로 일하기는커녕, 애당초 시킨 일조차 제대로 할 능력이 없었던 것이다. 결국 후배도 일이 버겁다고 생각하기 시작했고, 얼마 되지 않아 회사를 그만두었다. 만약 처음부터 자신이 할 수 없는 일임을 과감히 인정하고, 거절하거나 도움을 청했다면 결과는 달라졌을지 모른다.

사람들은 남이 자신한테 실망하지 않기를 바란다. 약속했다가 못 지켜서 남을 실망시키는 것도 원하지 않는다. 그러나 단지 거절하기가 힘들다는 이유로, 혹은 체면을 지키기 위해 자신이 할 수 없는 일까지 약속하는 사람이 적지 않다.

문제는 쉽게 약속하고 잘 지키지 않는 것이, 선량한 사람이 '불성실'이라는 굴레에 얽매이게 되는 시작이라는 점이다.

사람에게는 자신의 한계를 좀처럼 인정하지 않으려는 습성이 있다. 특히 자신을 높게 평가해주는 사람이나 자신이 신경쓰는 사람일수록 이들을 실망시키고 싶지 않다는 이유로, 지킬 수 없는 약속을 하고 심지어 거짓말까지 한다.

우리가 사실대로 말하지 못하는 까닭은 싫은 소리를 듣고 싶지 않고, 남을 실망시키고 싶지 않아서다. 그렇다 보니 여러 상황에서 소위 선의의 거짓말은 이해받을 만한 것이자 심지어 능력처럼 여겨진다. 하지만 거짓말은 거짓말일 뿐, 진실이 가져올 후폭풍을 피하려고 기만과 은닉을 선택한 것에 불과하다. 남에게 피해 주고 싶지 않아서, 상사가 화낼까 봐, 엄마를 걱정시키지 않으려고, 연인이나 배우자가 의심하는 게 싫어서 등 이런저런 핑계를 댄다고 해도 결국 나 자신이 편하고자 거짓말하는 것이다.

자신이 편해지기 위해 우리는 타인에게 끊임없이 착각을 판다. 하지만 안타깝게도 이 착각들은 현실과 거리가 가깝다. 다시 말해 금방 들통이 날 가능성이 크다. "내일까지 결과물을 주겠다.", "다음 주 안에는 완성하겠다.", "다음 달이면 된다." 등 당장의 상황을 모면하려고 한 거짓말은 시간이 흐르면 자연히 다 밝혀진다. 나만 해도 그렇다. 학생 시절, 나는 엄마에게

3 지나친 헌신은 헌신짝의 지름길

취직하면 가장 비싼 모피 코트를 사주겠다고 약속했다. 하지만 취직한 지 몇 해가 지나도록 모피 코트는커녕 옷다운 옷 한 벌 사드린 적이 없다. 결국 약속을 지키지 못했으니 거짓말한 셈이나 다름없다.

착한 사람일수록 잘 거절하지 못하고 쉽게 약속한다. 그러는 편이 자신의 심리적 컴포트존comfort zone에 좀 더 오래 머무를 수 있기 때문이다. 그러다 약속을 지킬 수 없게 되면 자꾸 미루거나 회피하다가 결국 스스로 우스운 지경에 빠진다.

남의 비위를 맞추고 타인에게 인정받으려는 욕구는 버려야 한다. 이러한 욕구에 매여 있는 한 제대로 거절하지 못하고, 약속했다가 지키지 못하거나, 심지어 거짓말이 드러나 곤란한 상황에 처하는 일을 계속 겪을 수밖에 없다.

나는 물질적 이득을 갈취하려는 목적이 아닌 이상 악의적으로 거짓말하는 사람은 없다고 믿는다. 사람은 누구나 매일, 여러 가지 동기에 의해 어느 정도 거짓말을 한다. 대개는 일을 좀 더 부드럽게 해결하거나 충돌을 피하기 위해, 혹은 자신에 대한 타인의 적의를 없애려고 거짓말한다.

이는 이기적인 행동이지만 '내가 원치 않는 일은 남에게도 강요하지 않는다.'는 이치와 궤도를 같이 하는 면이 있다. 자신이 상처 받고 싶지 않은 만큼 남에게도 상처 주지 않으려는 의도가 있기 때문이다. 실제로 기만적인 거짓말을 하는 사람 중 상당수는 이 점을 내세워 자기를 합리화한다.

그러나 실제로는 '상대의 기분을 배려한다.'는 핑계로 본심이 아닌 말과 행동을 한 것이 상대에게 더 큰 상처를 입히는 경우가 많다. 심지어 이런 거짓말은 물질적 피해를 입힌 거짓말보다 사람을 더 고통스럽게 한다. 물질적 이득을 얻기 위한 거짓말은 대부분 잘 모르거나 감정적으로 비교적 덜 얽힌 사람을 대상으로 이뤄지며, 손실도 순전히 물질이나 경제적인 부분에 국한된다.

그러나 상대를 배려한다고 한 거짓말은 대상이 대개 잘 아는 사람이며, 감정적으로도 비교적 깊게 얽혀 있다. 그렇기 때문에 거짓이 밝혀지는 순간, 상대는 믿었던 사람에게 우롱당했다는 정신적 고통을 겪게 된다. 그와 동시에 그동안 서로 쌓아왔던 관계와 신뢰 역시 완전히 훼손되고 만다. 한순간의 불편함을 모면하려고 한 거짓말이 공든 탑을 무너뜨릴 뿐만 아니라 원망과 원한까지 불러오는 것이다.

이런 상황이 발생하는 원인은 전부 처음에 거절하지 못했기 때문이다. 만약 자기 인생에 이런 일이 벌어지기를 원치 않는다면 언제나 진실해야 한다. 다른 사람이 실망하거나 자신의 가치를 인정하지 않을까 봐 두렵다는 이유로, 경솔히 약속하거나 마땅히 거절해야 할 때에 거절하지 못하는 일은 없어야 한다. 상대가 누구라도 마찬가지다. 이를 위해 먼저 가장 진실한 자신을 대면하고 나도 보통 사람이라는 사실을 받아들여라. 자기 자신에게조차 솔직하지 못하면서 어떻게 남에게 솔직하겠는가?

인생은 짧다. 한평생이 바람처럼 지나간다. 물론 거절할 줄 모르던 사람이 거절하는 법을 배우는 것은 쉽지 않다. 다른 사람도 당신의 변한 모습에 놀랄 수 있다. 그러나 진실함은 우리 인생의 신용이며, 약속은 타인에게 빚을 지는 것이다. 제때 갚아야 은행에서도 당신을 믿고 계속 돈을 빌려주지 않겠는가. 한 번 한 약속은 언젠가 반드시 지켜야 한다는 사실을 잊지 말자.

지금부터 당신의 과제는 자신도 할 수 없는 일이 있다는 사실을 인정하고 비합리적인 통제 욕구를 버리는 것이다. 자신이 할 수 있는 범위 내에서 약속하고, 누릴 수 있는 것만 마음 편히 누리는 쪽이 스스로를 위해서도 훨씬 현명한 선택이다.

나의 사랑이 타인의 상처가 되지 않게 하라.
정말 사랑한다면 스스로 겪고, 느끼고,
고생하고, 눈물 흘리도록 두어라.

그것이야말로 그들의 인생에서
가장 중요한 권리 중 하나다.

네 마음이 내킬 때,
그때 용서해

─────── 어려서부터 내게 인간관계는 어려운 숙제였다. 따돌림 당한 적도 있었고, 배신도 종종 겪었으며, 오해도 자주 받았다. 처음에는 이런 일이 생기면 열심히 나 자신을 해명해서 어떻게든 잘 지내보려고 애썼다. 그러나 다른 사람의 비위를 맞춘다 한들 아무 소용이 없다는 사실을 깨닫고, 입을 다물어버렸다. 그리고 말 대신 행동으로 나 자신을 보여주기로 결심했다.

"시간이 약"이라는 말이 있다. 직장 생활 연차가 쌓일수록 만나는 사람의 범위가 넓어지고, 취미 활동을 하면서 다양한 사람과 어울릴 기회 역시 많아졌다. 그럼에도 나는 인간관계가 어려웠다. 여전히 오해받고, 배신을 겪었다. 그러나 이미 한 번씩 겪어본 일이기에 더는 해명하거나 변명하려고 하지 않았다.

그럼에도 내면에서는 '선'을 갈구하고 있었다. 그리고 바깥 세상 어딘가에는 어려움에 처한 사람에게 기꺼이 도움의 손길을 내미는 사람이 반드시, 그것도 내 생각보다 훨씬 많을 것이라 굳게 믿었다. 사람은 대부분 절대 타인에게 고의로 상처를 주지 않는다는 믿음이 있었다. 그러나 한편으로는 절대 신뢰할 수 없는 사람도 있다는 사실 역시 잘 알고 있었다.

그러던 어느 날, 혼자 저녁밥을 먹고 산책하다가 문득 그동안 내게 잘해준 사람뿐만 아니라 상처를 준 사람들에게도 감사해야 한다는 생각이 들었다. 그 감정이 용서하고자 하는 마음이었는지는 모르겠다. 그보다는 내면의 평안을 위해 모든 것을 받아들이자는 태도에 더 가까웠으리라.

하지만 나는 곧 복잡한 심정에 휩싸였다. 내게 벌어졌던 악의적이고, 졸렬하고, 참담했던 일들과 나를 무너뜨리고, 위축시키고, 분노하게 했던 사람들은 결코 잊을 수도 없고, 잊어서도 안 된다는 생각 역시 강렬했다. 또한 무조건적인 용서와 동정은 악을 용인하는 것인 동시에 선에 대한 모독이라고 느꼈다.

영화 '오늘'에서 영화배우 송혜교는 엄청난 원망과 복수심, 복잡다단한 내면적 갈등을 가진 인물의 민낯을 훌륭히 보여주었다. 송혜교가 연기한 주인공은 오토바이 뺑소니 사고로 약혼자를 잃는다. 가해자는 일면부지의 미성년자 소년. 처음에 그녀는 격렬히 분노하지만, 한 수녀님의 용서하라는 끊임없는 권고와 자신의 타고난 선량함에 휘둘려 '경솔하게' 상대를 용서하고 만다.

경솔했다고 하는 이유는 그녀가 자기 의지보다는 상황이 흘러가는 대로, 주변의 압박에 의해 용서했기 때문이다. 그 결과 그녀는 자기 행동이 옳았는지 의심하게 되고, 답을 찾아 헤매기 시작한다. 그러나 한편으로는 현실과 진실을 대면하는 데 두려움을 느낀다. 자신의 '용서'가 틀렸을까 봐, 죽은 약혼자를 위해 마지막으로 내린 결정이 아무런 의미도 없어질까 봐 두려웠던 것이다. 이러한 내면의 두려움 때문에 그녀는 자신의 결정이 옳았다며 스스로를 기만한다.

이에 그치지 않고 자기와 비슷한 처지의 다른 사람들에게도 자신처럼 가해자를 용서하라고 설득한다. 그러나 맹목적인 용서는 오히려 가해자가 마땅히 가져야 할 양심의 가책을 가볍게 하고, 이들이 죄책감에서 쉽게 벗어나는 면죄부가 되었다. 실제로 그녀의 약혼자를 죽게 한 미성년자는 금세 과거의 잘못을 잊고, 또 다른 사람에게 고통을 주고 있었다.

때로 우리는 타인을 향한 피곤한 동정심을 거두어야 한다. 즉, 어떤 악에 대해서는 우리의 선량함을 함부로 낭비하지 말아야 한다.

스톡홀름에서 열린 노벨상 수상식에서 중국의 소설가 모옌莫言은 스스로를 '이야기꾼'이라 칭했다. 그리고 그날 밤에 한 연설에서 가장 인상 깊었던 이야기는 그의 '가장 고통스러운 기억'에 관한 것이었다.

모옌이 소년이었을 때, 그의 어머니가 추수가 끝난 밭에 밀 이삭을 주우러갔다가 밭을 지키던 사람에게 흠씬 얻어맞는 일이 벌어졌다. 상대는 어머니를 짐승 패듯이 때리고, 입에서 피를 줄줄 흘리는 어머니를 남겨둔 채 휘파람을 불며 의기양양하게 사라졌다고 한다.

십수년이 흐른 뒤, 모자는 길을 가다가 우연히 그때 그 밭을 지키던 사람과 마주쳤다. 상대는 백발이 성성한 노인이 되었고, 소년이었던 모옌은 어느새 건장한 청년이 되어 있었다. 모옌은 당장 달려가 그의 멱살을 잡고 어머니의 복수를 하려 했다. 그때 어머니가 그를 막으며 침착하게 말했다.

"아들아, 그때 나를 때렸던 사람과 지금의 저 노인은 같은 사람이 아니란다."

어머니는 눈앞의 백발노인을 이미 용서했다고 했다. 그러나 '자신을 때리고 휘파람을 불며 의기양양하게 사라졌던 그 사람'이 그 사실을 아는 것은 원치 않는다고 덧붙였다. 게다가 이왕 용서한 마당에, 선량한 그녀는 다 큰 아들이 자신의 복수를 하겠다고 또 다른 죄를 짓는 것을 두고 볼 수 없었다. 비록 자신 역시 그때 그 일을 여전히 생생하게 기억하고 있다 해도 말이다.

인간은 매우 복잡하고 다면적인 존재다. 대개는 어둡고 불결한 면과 순수하고 선량한 면이 기이하게 혼재되어 있다. 이 점을 고려한다면 절대적인 옳고 그름 역시 없는 셈이다. 그러나 악을 대하는 태도에는 반드시 원칙이 있어야 한다. 잘못을 저지른 뒤 진심으로 양심의 가책을 느끼며 괴로움에 시달리는 사람에게는 관용을 베풀 수도 있다. 그러나 무조건적이고 맹목적인 용서와 동정은 오히려 악을 부추기고 선을 왜곡하는 결과를 초래할 수 있기에 반드시 지양해야 한다.

사실 용서의 핵심은 과거의 나 자신과 화해하는 것이다. 그렇기에 나 자신의 감정이 가장 중요하다. 그래서 용서에는 타인을 향한 측은지심도 있어야 하지만 무엇보다 자기 내면을 깊이 들여다보는 선량한 지혜가 필요하다.

마지막으로 아주 오래 전에 내가 겪은 일을 소개하겠다. 그날, 나는 버스 좌석에 앉아 정신없이 졸고 있었다. 그런데 갑자기 어떤 아주머니가 옆을 지나면서 팔꿈치로 나를 세게 치고 갔다. 물론 고의는 아니었겠지만 그 바람에 나는 안경을 떨어뜨렸고, 새로 맞춘 안경테가 구부러지고 말았다. 솔직히 너무나 불쾌했지만 나는 냉담한 얼굴로 아주머니의 사과를 받아들였다. 교양 있는 사람이라면 당연히 그래야 하는 것 아니겠는가.

그런 뒤 버스에서 내려 걸어가는데, 뒤에서 엄마의 손을 잡은 한 남자아이가 폴짝폴짝 뛰며 내 옆을 지나갔다. 그런데 내가 미처 보지 못하고 부주의하게 아이의 발을 밟고 말았다. 젊은 엄마는 깜짝 놀라 아이를 살피며 비난 서린 눈빛을 내게 쏘아 보냈다. 나는 당황해서 재빨리 아이에게 사과하고 아프지 않느냐고 물었다. 그런데 예상치 못한 일이 벌어졌다. 아이가 환하게 웃으며 이렇게 말한 것이다.

"하나도 안 아파요. 나 괜찮아요, 엄마!"

엄마의 손을 끌고 가는 아이는 나에게 손을 흔들며 인사하는 것도 잊지 않았다.

그 순간, 나는 아주머니를 용서하며 잠시나마 도덕적 우월 감을 느꼈던 자신이 부끄러워졌다. 아이는 나를 용서하지 않았다. 아니, '용서'가 무엇인지도 몰랐다. 왜냐하면 그 아이는 아직 남을 비난하고 원망하는 법을 배우지 않았기 때문이었다.

Chapter 4

신경 끄고 살고 싶다

나에 대한 타인의 생각은 혼잣말에 불과하다.
상처받은 마음, 실망한 마음에 무너지지 말고
무소의 뿔처럼 혼자서 가라.
벽을 부수고 날아가는 '파벽비거破壁飛去'를 이룰 것이다.

약해도
이길 수 있습니다

━━━━━ 아이와 아버지가 공원에서 즐거운 한때를 보내고 있었다. 그런데 아버지가 갑자기 커다란 돌덩이를 가리키며 아이에게 들어보라고 했다. 아이는 돌을 붙들고 한참을 낑낑거렸지만, 크고 무거운 돌덩이는 꿈쩍도 안 했다. 그러자 아버지가 고개를 저으며 말했다.

"너, 최선을 다하지 않는구나."

어찌나 힘을 썼던지 아이는 얼굴이 빨개지고 이마에 땀까지 송골송골 맺혀 있었다. 그런데도 아버지가 그렇게 말하자 아이는 억울해하며 볼멘소리를 했다.

"아니에요, 최선을 다했어요. 정말 온 힘을 다 썼다고요. 그런데 이 이상 어쩌라는 말씀이세요?"

그러자 아버지가 부드럽게 미소 지으며 말했다.

"아니, 온 힘을 다한 건 아니란다. 아직 나한테 도와달라고 하지 않았잖니?"

어려움이 닥쳤을 때 우리는 종종 혼자 미련하게 견뎌보려고 한다. 하지만 자신이 그렇게 강하지 않다는 점을 인정하면, 그래도 죽을힘을 다해 억지로 버티려고 할까?

한 청년의 이야기를 들은 적이 있다. 그는 작은 시골 마을에서 처음으로 대학에 간 인재였다. 가족은 그의 학업 뒷바라지를 하느라 가산을 거의 탕진했기 때문에 그에게 거는 기대가 엄청났다. 청년이 하루 빨리 좋은 직장에 들어가 다 같이 편안하게 사는 것만이 온 가족의 유일한 소원이었다.

그는 대학을 졸업하자마자 한 은행에 수습사원으로 들어갔다. 10명 정도가 그와 함께 수습사원으로 뽑혔는데, 그중 시골 출신은 그가 유일했다. 하지만 그는 성실한 업무 태도와 뛰어난 성적으로 처음부터 윗사람의 관심과 총애를 한 몸에 받았다. 수습 기간이 끝났을 때, 그는 단 2명뿐인 정직원 전환자 명단에 당당히 이름을 올렸다.

부모님은 이제야 그간 고생한 보답을 받았다며 크게 기뻐했다. 청년도 앞날에 대한 기대와 자신감으로 마음이 부풀었다. 그는 지극한 효심을 발휘하여 부모님을 베이징으로 모셔와 함께 살기로 했다.

그러나 얼마 안 가 그의 인생은 전혀 예상치 못한 방향으로 꺾여버렸다. 부모를 부양하고 아직 어린 남동생의 학비까지 부담해야 하는 상황에서 하필 그다음 해에 크다면 크고 작다면 작은 잘못으로 직장을 잃고 만 것이다. 당시 상황은 이랬다.

부모님을 모셔올 당시, 청년은 이미 결혼했고 교외에 집도 산 상태였다. 그렇다 보니 자연히 매달 버는 돈이 고스란히 생활비와 대출금으로 나가고 있었다. 하지만 부모님께 심려를 끼치고 싶지 않다는 이유로, 무리해서 예전의 소비 수준을 유지하며 살았다. 실상은 애연가인 아버지에게 좋은 담배 한 갑 사드리기 힘든 형편이었다.

그러던 어느 날, 그는 은행 VIP 고객 상담실에 고객용 고급 담배가 있다는 사실을 알게 됐고 그 담배를 몰래 **빼돌려서** 아버지에게 갖다드리기 시작했다. 꼬리가 길면 잡히는 법, 얼마 안 가 상사에게 이 사실을 들키고 말았다. 그는 시말서를 쓰고 상사에게 손이 발이 되도록 빌며 애원했지만, 결과적으로는 일자리를 잃고 말았다. 잠깐의 어리석음으로 창창한 앞길을 망쳐버린 것이다.

은행을 그만둔 뒤 백방으로 노력했지만 비슷한 수준의 일을 구하기란 하늘의 별 따기였다. 그렇다고 가족들을 굶길 수는 없는 터, 결국 그는 발전 가능성이 전혀 없고 자신도 전혀 흥미가 없지만 보수는 그럭저럭 괜찮은 일을 하기 시작했다. 하지만 그가 부양해야 할 가족이 너무 많았기에 경제적 상황은 점점 더 나빠졌다. 가난 앞에 장사 없다고 했던가. 아내는 이

상황을 견디지 못하고 이혼을 요구했고, 두 사람은 마침내 합의이혼을 했다.

그는 가끔 이런 생각에 빠진다. 애초에 혼자 견디지 않았다면 어땠을까? 아내와 부모님에게 솔직하게 털어놓고 온 가족이 함께 해결 방법을 의논했다면? 예를 들어 부모님에게 고향으로 돌아가 농사를 지어 스스로 생활을 책임지시라고 하고, 자신은 때때로 생활비를 보내드리다 나중에 상황이 정말 좋아졌을 때 다시 모셔왔다면? 그랬다면 자신의 삶은 훨씬 쉬웠을 것이고, 지금의 이런 비참한 결말도 피할 수 있었을지 모른다.

그는 이제야 혼자서 모든 것을 책임지려 한 것이 잘못이었음을 깨달았다. 도와달라고 하기 부끄럽다고, 부모 앞에 못난 꼴을 보이기 싫다고, 쓸데없는 허세를 내려놓지 못해서, 그리고 무엇보다도 스스로의 약함을 인정하지 못한 탓에 결국 자기 인생을 망쳤다는 사실이 그를 아프게 했다.

어쩌면 당신도 이 청년과 비슷한 상태에 놓여 있는지 모른다. 혹시 최근 몇 년간 수없는 좌절을 겪으면서도 혼자서 꿋꿋이 버티고 있지는 않은가.

타지에서 일하며 외롭게 버티다 보면, 가끔은 부모님에게 전화를 걸어 위로와 응원을 받고 싶을 때가 있다. 하지만 부모님이 하시는 말은 걱정 어린 타이름이 대부분이다. "더 열심히 해라.", "성실하게 해라.", "밥 잘 챙겨먹고 다녀라." 등등. 물론 자신을 걱정하는 부모님의 마음은 잘 알지만 때로는 그런 말을 들으면 더 힘들고, 감당 못할 만큼 외로워진다.

그래도 어떻게든 버티다가 어느 날은 참지 못하고 가족에게 전화를 걸어 속마음을 쏟아내버린다. "솔직히 나 너무 힘들어.", "자신감도 바닥이야.", "무너지기 일보 직전인 걸.", "주변에 의지할 사람도, 응원해주는 사람도 없고 혼자 모든 일을 감당해야 해.", "매일 스스로를 다잡으면서 겨우 쓰러지지 않고 있어." 등등. 그러면 그제야 부모님도 솔직히 얘기한다. "사실은 네가 너무도 자랑스러워.", "네가 워낙 잘하고 있어서 괜찮은 줄 알았어.", "이렇게 힘든데 몰라줘서 미안해."라고.

전화를 끊고 난 뒤 당신은 문득 당신 같은 사람이 아주 많다는 것을 깨닫는다. 겉보기엔 다들 자신감 넘치고 화려해 보이지만, 속으로는 하나같이 애써 버티고 있다는 것을 말이다. 또 혼자 버티는 게 익숙해진 나머지 남에게 도움을 구하지도 못하고, 약한 모습은 더더욱 못 보이며, 심지어 스스로조차 자기 내면의 연약함을 이해하지 못하는 지경까지 이르렀음을 알게 된다.

약해도 괜찮다. 때로는 약한 모습을 보일 줄도 알아야 한다. 그래야 상처에 붙일 반창고를 얻을 수 있다. 그렇지 않고 혼자서 고집스레 강해지려고만 하면 아주 오랜 시간 눈물 흘리며 홀로 상처를 싸매야 한다.

별일 아니라고 스스로를 다그치면서 끝내 다른 이에게 도움을 구하지 않으면, 결과적으로는 자기 자신에게 심각한 내상을 입히게 된다. 생존을 위한 지혜의 측면(인간관계를 포함해서)에서 봐도 적당히 약한 모습을 보인다고 해서 약자가 되는 것은 아니다. 오히려 적당히 약한 모습을 보이고 적절히 도움을 구한다면, 일을 훨씬 수월하고 효과적으로 해결할 수 있다.

게다가 적절하게 약한 모습을 보임으로써 행복을 얻을 수도 있다. 예를 들어 다른 사람의 의견을 부드럽게 수용하는 모습을 보이면, 상대의 체면을 세워주는 동시에 나에 대한 호감도를 높일 수 있다. 또한 겸손의 표현도 매우 유용하다. '나는 잘 못하는데, 너는 참 잘 한다.'는 식의 칭찬이 특히 그렇다.

때로는 연약한 모습을 보이는 게 전략이 되기도 한다. '나는 손재주가 없어서 이런 일은 못할 거야.'라고 미리 말해둘 경우, 일을 잘 처리하면 상대가 나를 괄목상대하게 만들 수 있다. 잘 처리하지 못해도 상관없다. 미리 자신의 약한 면을 인정했기 때문에 상대도 기분 상하는 일 없이 기꺼이 도움의 손길을 내밀 것이다.

친구들에게 고민 상담을 하는데, 그들이 각각 다른 해결책을 제시했다고 하자. 그중 한 친구의 의견을 따랐다가 결과적으로 잘못됐다면, 다른 친구들은 아마 당신을 비난할 것이다. "그러게 애초에 내 말을 들었어야지!"라고 말이다. 그러면 당신은 누구의 말을 따랐어야 했는지 또다시 고민한다.

문제의 본질은 따로 있다. 평생 무슨 일이 있을 때마다 남의 의견을 구할 수는 없다. 게다가 아무리 현명한 사람이라도 항상 옳지는 않다. 즉, 이번만 아니라 다음에도 잘못된 의견을 듣고 일을 그르칠 가능성은 무궁무진하다는 것이다.

또 한 가지, 당신에게 의견을 제시하고 질책하는 사람도 막상 같은 일을 겪는다면 당신보다 더 잘 대처하리라는 보장이 없다. 그러니 잘했느니 못했느니 하며 당신을 평가할 자격도 없는 것이다. 물론 이 사실을 모르는 사람은 없다. 그러나 실제 행동은 천차만별이다.

D는 남의 시선을 굉장히 신경 쓰는 사람이다. 그러다 대학 시절, 이런 성향을 반성하게 되는 일이 생겼다. 하루는 친구와 공원에 놀러가기로 했는데, 일기예보를 보니 비가 올 가능성이 있었다. 그래서 그녀는 우산을 챙겨 나섰다. 노점상이 즐비한 길거리를 지나는데 갑자기 비가 내리기 시작했고, 장사하던 사람들은 전부 급하게 판을 걷기 시작했다. 그녀와 친구도 재빨리 근처 처마 밑으로 달려가 비를 피했다.

그때 길 한복판에 다리가 없는 거지가 주저앉아 있었다. 거지는 두 손으로 땅을 짚고 기어서 맞은편 처마 밑까지 가려고 애쓰는 중이었다. 장대같이 쏟아지는 비 때문에 그의 헤진 옷자락은 이미 다 젖은 상태였고, 머리카락 역시 흠뻑 젖어 있었다. 하지만 거지는 어떻게든 비를 피하려는 듯 고개를 숙인 채 두 팔에 의지해 힘껏 기어가고 있었다.

D는 생각할 여지도 없이 우산을 펴고 거지에게 다가가려 했다. 그러나 그 순간, 주변 사람 전부가 미동 없이 빗속에서 사투를 벌이는 거지를 바라만 보고 있다는 사실을 깨달았다. 그녀는 저도 모르게 발걸음을 멈췄다. 다들 가만히 있는데 혼자 나서기가 왠지 껄끄러웠던 것이다. 조금이라도 공감과 힘을 얻기 위해 친구에게 조심스레 물었다.

"저… 가서 우산이라도 받쳐주면 어떨까?"

"뭐 하러? 다들 가만히 있잖아. 저 사람도 곧 처마 밑에 도

착할 거야.”

D는 묵묵히 우산을 접고 고개를 숙였다. 그리고 그쪽에 시선을 주지 않으려 애썼다. 얼마 안 가 거지는 비를 피할 만한 곳으로 이동했다. 비도 곧 그쳤다. 그러나 그날 밤 잠자리에 누웠을 때, 그는 도무지 잠을 잘 수가 없었다. 눈만 감으면 빗속에서 고개를 숙인 거지가 두 팔로 기어가는 모습이 자꾸 떠올랐다.

왜 가서 우산을 씌워주지 못했을까? 분명히 그렇게 하고 싶었으면서 왜 하지 않았을까? 다들 가만히 있어서? 다른 사람이 나를 가식적이라고 생각할까 봐? 남과 다른 행동을 하기 겁나서? 아니면 타인의 시선을 지나치게 의식해서?

평소 우리는 다른 사람이 무슨 말을 하는지, 또 자신을 어떻게 보는지를 굉장히 중요하게 생각한다. 그러나 우리가 반드시 알아야 할 중요한 사실이 있다. 바로 내 인생은 유일무이한 것이며, 지금의 나도 유일무이하다는 점이다. 그렇기에 나를 나답게 만드는 가장 근본적인 요소는 끝까지 지켜야 한다. 그리고 그것이 무엇인지는 나 자신만이 알 수 있다.

나에 대한 타인의 생각은 혼잣말에 불과하다. 그러나 내가 듣고 믿는 순간, 별것 아니었던 타인의 말은 나를 괴로움에 빠지게 한다. 스스로 고생길로 들어서는 셈이다.

“남보다 나를 먼저 생각하라.” 얼핏 매우 냉정하게 들리지만 이야말로 세상과 훨씬 조화롭게 지낼 수 있는 비결이다. 이는 또한 내가 상담할 때 가장 자주 내리는 처방이기도 하다.

남을 지나치게 신경 쓰는 또 다른 여자가 있다. 대학 시절, 그녀는 룸메이트가 거슬려할까 봐 방에서는 노래도 흥얼거리지 않았고, 한겨울에도 베란다에서 전화 통화를 했다. 또 저녁 8시 이후에 룸메이트가 방에 있으면 목욕하고 나서 머리를 말리러 일부러 기숙사 1층까지 내려가 공용화장실에 있는 드라이기를 썼다.

물론 이 정도에서 그쳤다면 자신이 할 수 있는 범위 내에서 친구를 배려한 것이라고 볼 수도 있다. 그러나 '남을 신경 쓰는 습관'은 생활 전반에 걸쳐 그녀를 괴롭게 만들었다. 사회생활을 시작하고 나서는 룸메이트가 매일 한밤중까지 시끄럽게 굴어도 조용히 해달라는 말 한마디 하지 못했다. 기껏해야 남자친구에게 하소연하는 게 전부였다. 또 룸메이트가 그녀의 새 옷을 보고 조금만 이상하다고 하면 그 말이 신경 쓰여서 그 옷은 아예 입지 않았다.

그러나 그녀가 가장 힘든 부분은 자신은 남을 늘 배려하려고 애쓰는 데 비해 정작 남들은 자신에게 전혀 신경 쓰지 않는다는 점이었다. 그러면서 점차 자신의 '선의'가 사실은 근본적으로 불필요한 것이 아니었을까 하는 의구심에 빠졌다. 생각해보면 그녀의 룸메이트들은 음정도 맞지 않는 노래를 몇 시간 씩 불러대고, 공용 거실에서 큰소리로 전화 통화를 하고, 다들 잠든 새벽 시간에도 아랑곳없이 드라이질을 하지 않았던가.

내가 그녀에게 한 조언도 "남보다 자신을 먼저 생각하라." 는 것이었다. 이기적인 사람이 되라는 말이 아니다. '내가 하고 싶은 것', '내가 원하는 것'을 먼저 생각하고 그 일이 다른 사람에게 미칠 영향을 고려해 최종적으로 자신이 원하는 대로 할지, 아니면 타인을 좀 더 신경 쓸지 결정하라는 뜻이다.

실제로 나의 생각과 감정을 세심하게 신경 쓰고 배려하는 사람은 그리 많지 않다. 마찬가지로 나 역시 매번 남을 신경 쓰며 맞춰줄 필요가 없다. 어느 누구에게도 반드시 그래야 한다는 의무가 있는 것은 아니다. 그러니 지나치게 남을 신경 쓰면 피곤해지는 것은 나뿐이다.

상담하면서 그녀는 고개를 끄덕였다. 자신은 선의라고 생각했지만 알고 보니 대부분은 혼자 타인의 감정을 신경 쓰며 끌려다닌 것에 불과했음을 깨달은 것이다. 실제로 그녀의 배려를 아예 깨닫지 못하는 경우가 태반이었고, 혹 안다고 하더라도 감사하기는커녕 이를 악용하는 사람도 적지 않았다.

사실 그녀만큼 타인의 감정을 신경 쓰는 사람은 많지 않다. 또 만약 누군가 자신을 불편하게 하면 대개는 직접 이야기한다. "나 TV 보는 중이니까 전화 통화는 방에 가서 해줄래?"라든지 "지금 자려고 하는데 괜찮으면 TV 소리 좀 낮춰줄 수 있을까?"라는 식으로 말이다. 그래도 웬만해서는 아무도 불쾌해하지 않는다. 혹 기분 나빴다면 이 역시 솔직하게 말하면 그만이다.

툭하면 그녀의 옷차림을 지적했던 룸메이트도 그녀가 잠자코 있으니까 계속 지적한 것이지, 만약 반박했더라면 더 이상 아무 말도 못했을 것이다. 실제로 같이 사는 다른 두 룸메이트는 지적하기 좋아하는 그 룸메이트가 뭐라고 하면 코웃음을 치며 "그래도 난 맘에 드는데."라고 하거나 반농담식으로 "내가 무슨 옷을 입든 네가 무슨 상관?"이라고 되받아쳤다.

마지막으로 아주 전형적인 예를 하나 더 들겠다. 읽고 나면 실소를 머금을지 모른다. 다음은 어느 부부가 같은 날 각자 쓴 일기다. 먼저 여자의 일기를 읽어보자.

어제 그이는 너무 이상했다. 같이 근사한 레스토랑에 가서 저녁을 먹기로 했는데, 내가 그만 친구랑 쇼핑을 하다 약속 시각에 조금 늦고 말았다. 그것 때문에 화가 났는지 몰라도, 그는 저녁을 먹는 내내 굳은 얼굴로 내가 무슨 말을 해도 건성으로 대했다.

내가 먼저 우리 기분 풀고 즐겁게 지내자고 양보의 제스처를 보였는데, 그는 알겠다고 대답만 할 뿐 여전히 침울해했다. 다른 데 정신이 팔린 사람처럼 보이기도 했다. 무슨 일이냐고 물었지만 계속 "아무 일 없다."고 할 뿐이었다. 결국 참다못해서 혹시 나 때문에 화가 났냐고 물었다. 그이는 나와 관계없다며, 내가 신경 쓸 일이 아니라고 했다.

집으로 돌아오는 길, 나는 그에게 사랑한다고 말했다. 그러나 그이는 묵묵히 운전만 했다. 정말 이해할 수가 없었다. 왜 그는 "나도 사랑해."라고 말하지 않았을까? 집에 와서도 분위기는 여전히 냉랭했다. 갑자기 그를 잃게 될 것만 같다는 느낌이 들었다. 우리 사이에는 대화도 없었고, 그는 내게 조금도 신경 쓰지 않았다. 그저 소파에 앉아 멍하니 TV만 볼 뿐이었다.

나는 혼자 잠자리에 들었다. 그는 한참이 지나서 침대로 들어왔지만 여전히 무언가 골똘히 생각하는 것 같았다. 몸은 내 곁에 있어도 마음은 다른 곳에 있는 게 분명했다. 가슴이 아파왔다. 잠시 고민하다 그와 진지하게 이야기해보기로 결심하고 그를 봤는데, 그이는 벌써 잠든 뒤였다.

나는 이러지도 저러지도 못하고 그의 곁에 앉아 눈물만 흘렸다. 그에게 다른 여자가 생긴 것 같다. 아니, 생긴 게 확실하다. 하늘이 무너지는 기분이다. 아, 나는 대체 어떻게 해야 할까. 그이 없이 살 생각을 하니 벌써 눈앞이 깜깜한데…. 정말 우울하다.

다음은 같은 날 남자가 쓴 일기다.

아, 성질 나! 오늘 축구 경기에서 이탈리아가 완전히 죽을 쒔다! 어찌나 화가 나던지 아내랑 말하기조차 싫더라니까.

──────메리는 귀엽고 사랑스러운 작은 소녀다. 어느 날 메리는 〈시카고 트리뷴Chicago Tribune〉 지에 이런 편지를 보냈다.

"정말 이해할 수가 없어요. 매일 엄마를 도와 잘 구워진 쿠키를 식탁으로 옮겨도 제가 얻는 것이라고는 '착한 아이구나.'라는 칭찬 한마디뿐이에요. 그런데 만날 말썽만 피우는 남동생은 아무것도 하지 않았는데도 쿠키를 상으로 받아요. 이런데도 하나님이 공평하신 걸까요?"

메리는 이런 대답을 받았다.

"하나님이 메리를 착한 아이로 만드신 것이 메리가 받은 가장 훌륭한 상이란다."

오늘날 많은 사람이 메리와 비슷한 질문을 던진다. 착한 게 무슨 소용이 있을까? 세상은 과연 공평한가? 차라리 성질부리며 사는 삶이 낫지 않을까?

같은 맥락에서 나는 이렇게 대답하고 싶다. 설혹 당신이 사는 세계가 냉담함으로 가득하고 도저히 피할 수 없는 악이 도처에 깔려 있다 해도, 여전히 당신은 강인하고 선량한 마음을 품어야 한다. 왜냐하면 악인이 되지 않았다는 것 자체가 당신의 내면에 확고부동한 선량함이 존재한다는 의미이며, 이 사실이야말로 당신의 인생에 내려진 가장 큰 복이기 때문이다.

어느 저녁 퇴근길, 전철의 개찰구를 막 통과하려는데, 10대 남자아이가 내게 조심스레 다가와 말을 걸었다.

"저기, 물어볼 게 있는데요….."

그가 망설이는 모습을 보자마자 내 머릿속에는 오만 가지 생각이 떠올랐다. '혹시 돈을 달라거나 도를 아십니까 식의 포교를 하려는 것 아닐까? 어쩌면 얼굴에 화가 깃들었다는 둥 하면서 이상한 곳으로 데려가 제사를 드리게 하고 돈을 뜯어낼지도 몰라. 아니면 반짝반짝 빛나는 돌을 꺼내들고 고향에서 가져온 최상급 옥인데, 지금 당장 돈이 없어서 싸게 팔겠다고 할수도 있지. 그것도 아니면 길을 잃었다거나 지갑을 두고 왔다면서 나한테 돈을 빌려달라고 할 수도 있고….'

뭐가 됐든 그의 '사기극'이 드러나는 순간, 나는 냉정하게 끊고 지체 없이 자리를 뜨겠다고 결심했다. 논리적이고 상식적인 행동 예측과 도덕적 평가 등을 합치시켜 내린 결론이었다. 한편으로는 그가 잔꾀를 부리는 모습이 아주 조금이라도 보이면 평생 잊을 수 없을 만큼 따끔하게 혼내주리라 생각했다.

"제, 제가 물어보고 싶은 건…."

그는 나의 경계심을 눈치 챈 듯, 나의 눈을 바라보면서 훨씬 주눅 들고 어눌하게 말했다. 목소리가 어찌나 기어들어가던지 몇 번을 되물은 뒤에야 그의 질문을 알아들을 수 있었다. 그는 내게 1호선 전철을 어떻게 타느냐고 묻는 중이었다.

그러나 나는 경계심을 풀지 않았다. 개중에는 길을 묻는다는 핑계로 말문을 트는 사기꾼도 적지 않았기 때문이다. 게다가 그 남자아이의 뭉그적거리는 태도가 의구심을 더욱 증폭시켰다. 나는 찬찬히 그를 뜯어보았다. 용모는 단정한 편이었다. 그냥 '모른다.'고 해버리면 귀찮은 일을 덜 게 분명했다.

하지만 안쓰러울 정도로 쭈뼛거리는 모습을 보고 있자니 왠지 그건 너무 매정한 짓 같아서 조금은 친절하게 대답해주기로 했다.

"음, 아마 2호선을 타고 가다 환승할 수 있을 거예요."

"아…, 그럼 어떻게… 타야…."

그는 이 정도의 말을 하는 데도 한참을 더듬거렸다. 나도 슬슬 성질이 나기 시작했다. '얘는 대체 뭐가 잘못돼서 말을 이렇게 해?' 내 얼굴에 짜증스러움이 드러나서일까. 순간적으로 그는 겁먹은 얼굴이 됐다.

하지만 아무리 봐도 악의를 가지고 접근한 사람처럼 보이지

는 않았기에 그저 말을 좀 더듬나 보다 생각하기로 했다. 그러
자 내 마음 속 적의가 상당 부분 사라졌다. 그가 어느 역에서 환
승해야 하는지를 묻고 있다는 것을 파악한 뒤에는 2호선을 타
고 가다 아무개 역에서 1호선으로 갈아타라고 말해주었다.

그는 예의 바르게 감사 인사를 했다. 그런데 내가 막 그 자
리를 떠나려는 찰나, 나를 또 불러 세웠다. '그럼 그렇지, 단순
히 길을 묻는 게 아니었어. 네가 슬슬 정체를 드러내는구나!
대체 무슨 수를 쓰는지 똑똑히 봐주마!' 나는 속으로 그렇게 생
각하며 어디 해보라는 식의 표정을 짓고 그를 바라봤다. 그러
자 그는 어눌하지만 분명하게 말했다.

"다, 당신은 좋은 사람이에요…. 정말 착해요…."

순간적으로 머리를 얻어맞은 기분이었다. 그의 눈에는 순
수하고 진실한 빛이 가득했다.

개찰구를 통과한 후 뒤를 돌아봤을 때, 그 남자아이는 이미
보이지 않았다. 환승하는 법을 제대로 이해했는지도 알 수 없
었다. 그 이후로 한동안 내 속에서는 강한 자책감이 계속 일어
났다.

나는 늘 의구심을 가지고 사람들을 봐왔다. 또한 내게 접근
하는 사람은 전부 모종의 목적이 있을 것이라 생각했다. 그래
서 그가 내게 도움을 청했을 때도 그의 의도를 내 멋대로 판단
했다. 스스로 세상을 깊이 이해한다고 착각하고, 만사를 꿰뚫

어본다고 자부하면서 어느새 너그러움을 베풀 줄 모르는 사람이 되어있었던 것이다. 혹시 당신도 나와 비슷하지 않은가? 매일 있는 힘껏 다른 사람(특히 나와 접하는 사람)의 생각을 추측해내려고 애쓰고 있지는 않은가?

착한 사람은 온갖 의혹이 난무하는 때에도 여전히 타인에게 쉽게 신뢰받는 사람이다. 예를 들어 그 부끄럼 많던 남자아이는 길을 오가던 수많은 사람 중 내게 도움을 청했다. 다른 사람이 당신에게 어떤 행동을 기대했건 간에, 자기 내면에 불안함이 있는데도 남을 기꺼이 도와줄 수 있다는 것은 분명히 쉬운 일이 아니다. 온갖 의심과 추측을 하긴 했지만 결국 낯선이를 돕기 위해 기꺼이 바쁜 걸음을 멈춘 나처럼 말이다. 무엇보다도 내면의 의심에 쉽게 굴복하지 않고 굳건하게 선량함을 지켰다는 점에서 감히 인간성의 승리라고까지 말하고 싶다.

수많은 일과 사건을 대할 때 우리 안에서는 어쩔 수 없이 여러 가지 감정과 생각이 일어난다. 또한 지금까지의 경험에 비춰서 나름의 예단을 하기도 한다. 문제는 아무리 세상 물정에 밝은 사람이라도 타인의 생각을 정확히 예측해내는 것은 불가능하다는 점이다. 오히려 멋대로 남의 속내를 추측해서 전전긍긍하다가 세상이 자기 생각처럼 돌아가지 않는다는 사실을 깨닫는 경우가 더 많다.

4. 신경 끄고 살고 싶다

업무 시간에 몰래 딴짓하다가 마침 근처를 지나던 팀장과 눈을 마주쳤다고 하자. 그 순간 팀장의 표정이 좋지 않다면 우리는 그때부터 온갖 추측을 하며 시달리기 시작한다. '혹시 딴짓한 것을 들켰나?' 혹 그전의 업무를 제대로 마무리하지 않았다면 생각은 곧장 그리로 튄다. '어쩌면 내가 뭔가 실수했는지도 몰라.'라는 식으로 말이다. 생각이 계속될수록 의혹은 짙어지고 근심도 가중된다. 그러다 이렇게 확신하고 만다.

'내 업무 처리가 마음에 들지 않았던 게 분명해. 어쩌면 날 징계할 생각을 하고 있는지도 몰라!'

이 정도에 이르면 제대로 일하기는커녕 자리에 앉아 있지 못할 만큼 불안해진다. 하지만 진실이 무엇인지는 여전히 아무도 모른다. 팀장의 표정이 나빴던 이유가 사실은 단순히 감기 몸살 때문에 컨디션이 안 좋아서였다면? 그간 우리가 한 모든 추측은 우습기 짝이 없는 촌극이 될 뿐이다.

좀 더 구체적인 예를 들어보자. 팀장이 감기 몸살이라는 사실을 알기 전, 메신저로 팀장에게서 "내 사무실로 오세요."라는 메시지를 받았다. 만약 찔리는 점이 없고 여태껏 처리한 업무에도 문제가 없다면 뭔가 상의할 일이 있어서 부르겠거니 하고 단순하게 생각할 것이다. 그러나 내가 뭔가 불안한 상태거나 업무가 지연되고 있는 상황이라면 메시지를 보는 순간 십중팔구 고뇌에 빠진다. 팀장이 좋은 소리를 하려고 호출했을 리 없다는 생각이 먼저 들기 때문이다. '분명히 잔소리하거나 재촉하려고 부르는 것이겠지.' 그러다 불안감이 극에 달하면 그 메시지가 '너 이제 죽었다, 나랑 끝장을 보자.'는 뜻으로 보이기 시작한다.

그러나 내가 아무리 생각을 많이 한들 메신저 창에 뜬 몇 글자는 다른 정보를 담지 않은, 아주 단순한 메시지에 불과하다. 팀장이 나와 상의할 일이 있는지, 아니면 오히려 칭찬하려는지 직접 가보기 전까지 알 도리가 없다.

항상 다른 사람의 생각을 추측할 필요는 없다. 사람마다 사고방식이 다르고 원하는 바도 다르기 때문에 아무리 노력해도 남의 생각이나 감정을 정확하게 짚어내기란 쉬운 일이 아니다. 마찬가지로 다른 사람 역시 나의 생각이나 감정을 있는 그대로 알고 이해해주지 못한다. 이 점을 염두에 두면 삶의 여러 가지 모순이 이해되기 시작한다.

예를 들자면 이런 식이다. 내가 아무리 선의를 품는다 해도 악의와 마주칠 수 있다. 진심을 내보여도 의심받을 수 있다. 부드럽고 친절하게 대해도 냉담한 대우를 받을 수 있다. 조용히, 나답게 살려고 애써도 누군가는 내게 이러저러한 기대와 요구를 들이밀 수 있다. 솔직하게 나 자신을 보여줘도 상대는 나를 거짓과 기만으로 대할 수 있다.

이러한 모순을 사실로 받아들이고 나면 오히려 남의 눈치를 보지 않고 편안하게 사는 길이 열린다. 오해받을 가능성과 곡해될 가능성, 억울한 일이 생길 가능성을 수용하고 나면 오히려 모든 불안을 내려놓고 한결 침착하고 태연한 내면을 만들 수 있다.

당신의 인생은 바로 당신 자신이 써내려가는 것이다. 선량할지 그렇지 않을지도 역시 타인에 의해 결정되지 않는다. 당신이 스스로 선택하고, 그 선택을 고수해야 한다.

선의를 품는다 해도
악의와 마주칠 수 있다.
진심을 내보여도 의심받을 수 있다.
부드럽고 친절하게 대해도
냉담한 대우를 받을 수 있다.

이러한 삶의 모순을 받아들이고 나면
불안을 내려놓고 한결 태연해질 수 있다.

본능에
자꾸만 휘둘린다면

━━━━━타인에게 기대를 걸었다가 실망하는 일이 자주 있다. 이런 일이 반복되다 보면 어느 순간 인간관계에서 그다지 기대하지 않고, 실망하지 않는 때가 온다. 차라리 기대하지 않으면 실망할 일도 없다는 사실을 깨닫기 때문이다. 그러나 인간의 본성에는 매우 강한 관성이 있기에 깨달았다고 해서 여태까지의 행동 양식이 단번에 달라지지 않는다.

사는 게 이미 고단하다면서 왜 우리는 더욱 고생하는 길로 걸어 들어가는 것일까? 어쩌면 당신도 이렇게 살고 싶지 않지만 어째서인지 계속 이렇게 되고 만다며 억울해할지 모른다. 사실 이 또한 본능적인 반응 방식에서 이유를 찾아야 한다. 이 방식에 문제가 있을 때 우리는 저도 모르게 원치 않는 길로 가서 인생을 더욱 고달프게 만들기 때문이다.

본능적인 반응 방식은 2가지로 나눌 수 있다. 하나는 다듬어지지 않은 직접적 반응이다. 이를 '감성 본능'이라고 부른다.

다른 하나는 한번 생각하기 시작하면 끝이 없는 이성적 반응으로, '이성 본능'이라고 부른다.

대개 우리는 감성 본능을 사용한다. 그러나 이 본능은 지나치게 기계적이기 때문에 모든 상황에 구체적인 분석을 수행하기 힘들다는 단점이 있다. 그래서 감성 본능을 제대로 길들이지 못한 사람은 충동적인 경향을 보인다. 반대로 이성 본능을 잘 다스리지 못한 사람은 지나치게 높은 기준 탓에 늘 현실에 실망하게 된다.

본능 외에도 우리 인생에 지대한 영향을 주는 반응 방식이 있다. 바로 '약자와 강자를 대하는 방식'이다. 예를 들어 지네에게 물렸다면, 나는 지체 없이 그 지네를 밟아버릴 것이다. 그래도 문제될 것은 없다. 왜냐하면 지네는 나보다 약하기 때문이다. 그러나 다른 사람이 내 발을 밟는다면 아무리 화나도 입으로만 툴툴댈 가능성이 높다. 기껏해야 "앞 좀 잘 보고 다녀라.", "눈이 뒤통수에 달렸냐."는 식으로 쏘아붙이고 말 것이다.

내 발을 밟은 사람과 나를 문 지네의 차이는 무엇일까? 아주 극명하다. '힘'의 차이다. 지네는 나보다 힘이 약하기 때문에 나를 문 데 대한 화풀이를 직접적으로 해도 뒤탈이 없다. 그러나 발을 밟은 사람은 나와 힘 차이가 별로 나지 않기 때문에 공격한다 한들 반드시 이길 수 있을지 확신할 수 없다. 그래서 그저 원망만 할 뿐, 쉽게 공격하지는 못한다.

그런데 불행히도 상대가 나보다 훨씬 강하고 심지어 칼까지 들고 있다면? 적수가 될 수 없음을 단박에 깨닫고 절대 경거망동하지 않을 것이다. 잘못 심기를 거스르다가 최소 경상을 입거나 심하면 죽을 수도 있기 때문이다. 어떻게든 위기를 벗어날 방법을 강구하는 것이 최우선이다. 심지어 명백히 상대의 잘못으로 이런 상황이 벌어졌다고 해도 오히려 내가 실수한 점을 찾아 머리를 굴릴 것이다. 그러다 이해할 만한 원인이 발견되면 상대에게 오해였다고 해명하고, 원인이 오해가 아니었다면 대화를 통해 내 실수를 만회할 방법을 찾으려고 애쓸 것이다.

자신보다 약한 상대와 강한 상대를 대하는 태도를 통해 나는 '약자에게 강하고 강자에게 약한' 사람이라는 점을 알 수 있다. 사실 약자에게 강하고 강자에게 약한 것은 효율적인 본능이다. 이러한 본능 덕에 극단적인 상황에서 나를 지킬 정확한 행동 방식을 신속하게 선택할 수 있기 때문이다.

또한 힘의 우열이 확실할 때는 행동의 선택지도 비교적 간단하다. 약자가 나를 도발하거나 불쾌하게 하면 우리는 보통 품도 적게 들고 신경도 덜 쓰이는 처리 방식을 먼저 선택하지, 구구절절 이치를 따져가며 상대와 대화하지 않는다. 상대가 도저히 대항할 수 없을 만큼 강자일 때도 마찬가지다. 무조건 상대에게 맞춘다는 원칙을 세우고 어떻게든 위기를 모면하려고 할 뿐, 이치를 따지는 일은 거의 없다. 그 편이 훨씬 쉽기 때문이다.

그런데 품도 들고 신경도 쓸 수밖에 없는 상황이 하나 있다. 상대가 약자와 강자의 중간 지점에 있는 경우다. 다시 말해 상대가 나와 힘이 비슷할 때는 대개 이치를 먼저 따지지, 무조건 반격하는 일은 극히 적다. 만약 중간 지대에서 서로 적정선을 찾기 위해 난폭하고 폭력적인 방식을 선택하면 문제가 발생한다. 나와 상대의 역량이 비등하기에 어느 누구도 절대 우위를 차지할 수 없는 상태에서 서로 공격과 반격을 주고받으며, 끝없는 악순환에 빠질 수 있기 때문이다.

앞서 언급했듯이 생존이라는 측면에서 보면 약자에게 강하고 강자에게 약한 것은 분명히 쓸모 있는 본능이다. 그러나 본능을 제대로 길들이는 것이야말로 한결 성숙한 인간으로 거듭나는 길임은 의심할 여지가 없다.

생각해보자. 나보다 약한 상대면 스스럼없이 공격하는 게 과연 당연한 일일까? 나보다 약하다고 생각한 상대에게 같은 정도의 반격을 당하거나 상처를 입었을 때 미친 듯이 화가 난다면, 그런 내 상태는 과연 정상일까? 또 이를 참지 못하고 폭력으로 폭력을 제어하면서 내 세계를 공격과 반격으로 채워나가는 것이 과연 옳은 일일까?

폭력을 폭력으로 다스리는 방법으로는 어떤 문제도 해결할 수 없다. 왜냐하면 나와 힘이 비슷한 상대에게는 이 방법이 아무 효과도 발휘하지 못하기 때문이다. 상대에게는 반격할 능력이 충분히 있고, 반드시 나를 이기지는 못하더라도 상처를 입힐 가능성은 충분하다. 이렇듯 서로 상처 입게 되면 결국 양쪽 모두 손해를 볼 수밖에 없다. 이런 결말을 피하려면 먼저 자발적으로 남에게 상처 주기를 그만두어야 한다. 그래야 남도 더 이상 나를 공격하지 않는다.

이 같은 원리를 쉽게 이해할 수 있도록 전략적 게임을 하나 소개하겠다. 이 게임에는 최후의 승부를 앞둔 A, B, C 세 사람이 참여한다. 이들은 단 한 번만 발사할 수 있는 총을 가지고 한 변이 1m인 정삼각형의 꼭짓점에 한 사람씩 선다. 사격 실력은 모두 출중하기 때문에 아무도 빗맞힐 가능성이 없으며, 총은 동시에 발사한다.

만약 당신이 그중 한 사람이라고 가정한다면, 어떻게 해야 살아남을 수 있을까? 예를 들어 A와 B가 동시에 C를 쏜다면 C 역시 반드시 A와 B 둘 중에 한 사람을 쏠 테고, 그럼 생존 확률은 반반이 된다. 사실 여러 가지 전략을 아무리 열심히 궁리한다고 해도 정확한 답은 하나뿐이다. 바로 '재빨리 총을 내려놓는 것'이다.

내가 A라고 했을 때, 만약 총을 내려놓으면 나는 더 이상 B와 C에게 위협적인 존재가 아니게 된다. 총이 있는 사람만이 다른 사람을 해칠 수 있기 때문이다. 그렇기에 나머지 둘은 자신을 방어하기 위해 총이 있는 서로를 겨눌 수밖에 없고, 결과적으로 나는 안전해진다. 전제는 하나, 반드시 먼저 '자발적으로' 총을 내려놓아야 한다는 것이다.

자신이 상처 입지 않는 가장 지혜로운 길은 자발적으로 공격을 포기하는 것이다. 남에게 해롭지 않은 존재가 되면 남도 나를 해하지 않는다. 착한 사람이 쉽게 신뢰받는 이유도 이와 같다. 타인을 향한 공격이나 본능적인 자기방어적 반격을 의식적으로 그치면, 서로 상처 입히는 악순환을 끊을 수 있다.

그러려면 먼저 나 자신의 가치를 정확하게 인지해야 한다. 내가 스스로의 가치를 인정할 때 비로소 타인의 단편적인 판단이나 비난에 휘둘리지 않을 수 있기 때문이다. 또 그래야만 무의식적인 자기 보호적 반격으로 타인을 상처 입히거나 해하는 과오를 막을 수 있다.

인간관계를 맺는 원칙은 전적으로 나 자신의 선택에 달려 있다. 가능하다면 덕을 덕으로 갚는 데서 원한을 정의로 대하는 데까지 발전하고, 더 나아가 원한을 덕으로 대하는 수준에 이르도록 노력해야 한다.

나를 알고 세상을 이해하면 어떤 시련에도 무너지지 않는

견고하고 강한 내면을 기를 수 있다. 내면이 강한 사람은 그 자체로 빛이 나며, 주변 사람에게 올바른 선의를 베풀게 된다. 그리고 종국에는 더 많은 사람이 다가와 더 큰 선의로 당신에게 보답할 것이다.

───── 어느 날 강사로 일하는 친구가 찾아와 의기소침한 모습으로 이렇게 토로했다.

"이번 강의는 정말 죽 쒔어. 강단에 섰는데 왠지 바보가 된 것 같더라고. 자신감도 떨어지고, 자꾸 주눅 들고, 내가 뭐 잘났다고 여기 서 있나 싶고. 심지어 나한테 배우겠다고 거기 와서 앉아 있는 수강생들이 나보다 더 준비를 잘해온 거야. 자신만만하게 발표도 잘하고 말이지. 그러니까 더 겁나더라. 내 부족한 면이 다 드러날까 봐. 당장이라도 내려오고 싶었는데 그럴 수는 없고, 어쩔 수 없이 땀 뻘뻘 흘리면서 꾸역꾸역 강의하긴 했는데 정말 죽을 맛이었어."

누구나 이와 비슷한 경험이 있을 것이다. 여러 사람 앞에서 어떤 일을 할 때, 자신의 부족함이 들통날까 봐 진땀을 흘린 경험 말이다. 희한하게 그런 순간에는 평소 심각하게 생각하지 않았던 결점 하나하나가 기이할 정도로 상세하고 정확하게 떠오른다. 자신의 부족한 점을 그렇게 되새기다 보면 어느새 걱정과 두려움은 거의 극에 달한다.

사람들은 왜 자신의 결점만 생각하는 것일까? 사실 일을 제대로 하지 못하는 이유는 결점 때문이 아니라 장점을 제대로 발휘하지 못해서인데도 말이다.

오로지 결점에만 신경 쓰느라 자신의 장점을 발휘하지 못하는 것은 굉장한 손해다. 사람은 누구나, 심지어 한 분야에서 눈부신 성과를 올린 인재라고 해도 인격적인 면이나 일의 수행 정도에서 아쉬운 부분이 전혀 없는 사람은 존재하지 않는다. 그럼에도 여전히 많은 사람이 습관적으로 자신의 단점만 부각시켜 생각한다. 그리고 자신은 이것도 안 되고 저것도 못한다고 자책하다가 점차 자신감과 창의력을 잃고, 부정적 사고방식에 빠지고 만다.

어떤 일을 시도하다가 실패하면 우리는 저도 모르게 변명거리를 찾을 때가 많다. 그런데 곰곰이 생각해보자. 혹시 자신의 부족함이나 결점을 가리려고 변명을 늘어놓는 것은 아닌지 말이다. 결점은 더욱 성장하고자 노력하는 동기가 되어야지, 자기합리화나 자포자기의 이유가 되어서는 안 된다. 결점은 그것을 발판으로 딛고 더욱 정진하라는 일종의 암시다.

재미있는 이야기를 소개하겠다. 어느 거지가 커다란 저택을 찾아가 여주인에게 구걸했다. 팔 하나가 없는지, 텅 빈 오른쪽 소매가 힘없이 흔들거렸다. 그러나 여주인은 그 모습을 보고도 냉정하게 대문 옆에 쌓여 있는 벽돌 한 무더기를 가리키며 말했다.

"저 벽돌을 전부 정원 안으로 날라주면 20위안을 줄게요."

거지가 벌컥 화냈다.

"도와주기 싫으면 말지, 지금 사람을 놀리는 겁니까? 한 팔밖에 없는 내게 벽돌을 나르라니요?"

하지만 여주인은 아랑곳없이 몸을 숙이더니, 일부러 한쪽 손만 써서 벽돌 하나를 집어 들었다.

"꼭 두 팔이 다 있어야만 일을 할 수 있는 건 아니에요. 자기가 부족한 점만 보지 마세요. 봐요, 나도 한 팔만으로 벽돌을 옮길 수 있는데 그쪽이라고 못하겠어요?"

거지는 머리를 얻어맞은 표정으로 한참동안 여주인을 바라봤다. 그러더니 마침내 한 손을 써서 벽돌을 나르기 시작했다. 전부 다 옮기는 데 2시간쯤 걸렸다. 그사이 그의 이마에는 땀이 송골송골 맺혀 흘렀다.

일이 끝난 뒤, 여주인은 수건과 함께 20위안을 거지에게 건넸다. 그는 그것을 받아들며 살짝 떨리는 목소리로 말했다.

"정말 고맙습니다."

"자기 힘으로 일해서 당당하게 번 돈이니까, 내게 고마워할 것 없어요."

"아닙니다. 오늘 일, 절대 잊지 않겠습니다. 괜찮다면 이 수건을 기념으로 가져가도 될까요?"

거지는 여주인이 준 수건과 돈을 소중히 품고 허리를 깊이 숙여 인사한 뒤 천천히 멀어졌다.

몇 년 후, 훤칠한 남자가 그 저택을 찾아왔다. 양복과 가죽 구두를 말쑥하게 차려입고 기백이 넘치는 그에게 흠이 있다면 오른팔이 없다는 점이었다. 오른쪽 소매가 바람에 표표히 날리는 가운데, 그는 몸을 숙여 하나뿐인 손으로 여주인의 손을 꼭 잡았다.

"여사님이 아니었다면 전 아직도 거지였을 겁니다. 하지만 지금은 어엿한 한 회사의 사장이 됐습니다."

노색이 완연한 여주인이 웃으며 말했다.

"내게 감사할 것 없어요. 당신이 감사해야 할 사람은 자기 자신이에요. 이렇게 성공할 수 있었던 까닭은 자신의 부족함에 얽매여 좌절하지 않은 덕분이랍니다."

결점만 있는 사람은 없다. 설사 거지라도 마찬가지다. 사람은 누구나 장점이 있다. 다만 결점에만 정신이 팔려서 장점을 발견하지 못할 뿐이다. 우리가 해야 할 일은 두껍게 쌓인 결점이라는 흙더미를 파내고 그 안에 숨겨진 장점의 '뿌리'를 발견하는 일이다.

많은 이가 고난과 어려움을 핑계로 자꾸 그 자리에 주저앉는다. 이는 결코 바람직한 태도가 아니다. 툭하면 고난 앞에 놀라고 주저앉을 때, 우리 안에는 자기 비하감이라는 독초가 점점 자라난다. 사실 고난은 세월이 흐른 후 돌아보면 아무것도 아니다. 애초에 감당하지 못할 일이란 없었음을 깨닫게 된다.

그렇다면 자신의 부족함과 담담히 대면해야 하는 때는 언제일까?

만약 당신에게 다리가 하나뿐이라고 하자. 자신이 원하지도 않는데 굳이 마라톤 선수가 되려고 노력할 필요가 있을까? 당연히 없다. 남들보다 아주 특출하게 뛰어난 용모를 가지지 못했는데 굳이 미인대회에 나갈 이유가 없는 것과 마찬가지다. 다시 말해 어떤 면에서 개선하기 어려운 결점을 갖고 있다면, 굳이 나 자신과 줄다리기를 해가며 나의 부족함을 다른 사람의 우월함과 비교하지 않아도 된다는 뜻이다.

왜소한 사람이 굳이 자신의 체격을 자랑하려는 것은 어리석은 일이다. 결점에 집중하기보다는 장점을 발굴하고 발전시키는 편이 훨씬 지혜롭다. 또한 자신의 결점을 과감히 인정하면 새로운 길이 열리기도 한다. 자신의 부족한 연설 실력을 인정해서 위대한 인물로 거듭났던 벤자민 프랭클린Benjamin Franklin처럼 말이다. 그는 이렇게 말했다.

"나는 엉망진창인 연설가입니다. 기본적으로 말하고자 하는 바를 전달할 수는 있지만, 말로써 사람들을 감동시키지는 못하지요. 글솜씨는 훨씬 나은데, 말로 하려면 아무래도 제대로 표현하지를 못합니다."

그는 결코 주눅 들지 않았다. 오히려 연설을 못한다는 약점을 보완하고 사람들의 신뢰를 얻기 위해 다른 방법을 강구했다. 안건을 제안할 때 줄곧 온화한 말투와 평온한 태도를 유지하고, 먼저 자신의 부족함을 자발적으로 인정했다. 그는 단순히 기교 넘치는 말재주만으로는 승리를 얻기가 힘들다는 사실을 간파하고, 자신의 약점을 인정하고 장점을 발휘함으로써 사람들의 지지를 받는 귀중한 경험을 얻었다.

───── 세상은 우리가 어떻게 보느냐에 따라 달라진다. 명대 철학자 왕양명王陽明이 "성인의 도는 이미 내 안에 갖추어져 있다聖人之道 吾性自足."고 말한 것과 같은 이치다.

각자의 인생은 스스로 일구고, 만족해야 하며, 또 얼마든지 그렇게 할 수 있다. 우리의 인생은 부모 인생의 속편이 아니고 자식 인생의 전편도 아니며 친구 인생의 번외편은 더더욱 아니다. 물론 서로의 인생에 교집합은 있지만, 교집합이 있다고 해서 다른 이의 인생이 곧 나의 인생이 될 수는 없다.

내가 아는 한 여성은 자기 인생에 불만이 많다. 불만족스런 현 상황을 벗어나기 위해 그녀가 선택한 길은 거금을 들여서 소위 인생에 대한 강의나 강연을 듣는 것이다. 어느 날은 무슨 강연을 듣고 왔는지, 의기양양한 표정으로 내게 말했다.

"아무개 선생님의 말씀이 내가 복 받는 근원은 부모래요. 그러니까 부모한테 잘하면 보상으로 복을 받는다는 거죠."

나는 순간 할 말을 잃었다. 만약 부모에게 효도하는 이유가 단지 복을 받기 위해서라면, 그것은 진정한 의미의 효도라기보다 일종의 거래가 아닐까. 솔직히 그녀에게 해주고 싶은 말은 정말 많았다. 그런 식의 치우친 생각 말고, 균형 잡히고 상식적인 사고방식을 갖도록 도와주고 싶었다. 그러나 그 순간 그녀는 또다시 인연이 어쩌고 하며 계속 연설을 늘어놓기 시작했다. 인연의 정확한 개념도 모르는 듯 보이긴 했지만 말이다.

독불장군 같은 그 모습에 나는 조언하기를 포기했다. 그녀가 내 말에 귀 기울이리라는 보장이 없고, 들어도 이해한다는 보장도 없으며, 이해한대도 믿는다는 보장 역시 없었기 때문이다. 자신의 현 상황을 변화시킬 방법을 끊임없이 외부에서 찾는 한, 부모에게는 부모의 인생이 있고 나에게는 나의 인생이 있다는 사실을 그녀는 끝까지 인정하지 않을 게 분명했다.

진상을 다 파악하기 전까지 우리가 볼 수 있는 것은 잘못 이해된 삶의 몇몇 단편뿐이다. 게다가 인생의 유한함은 우리가 짧은 시간 내에 가능한 한 많은 이득과 쾌락을 얻고자 과한 욕심을 부리게 한다. 그리고 그 결과물로 인생의 모든 비극과 희극이 벌어진다.

여기, 한 남자가 있다. 어려서 아버지를 잃고, 생계를 꾸리느라 바빴던 어머니 밑에서 자란 탓에 그는 스스로 행복해지는 방법을 전혀 배우지 못했다. 그래서 자신의 가치를 줄곧 외부 세계에서 찾았다. 생존 위기가 닥치면 스스로 해결하려 노력하기보다 무조건 운명의 농간으로 치부했고, 습관적으로 아내를 때리면서 자기 존재감을 확인했다.

용기 내서 현실 세계와 대면해야 할 순간에도 벌벌 떨며 순응하기 바빴고, 늘 관성적인 사고방식에 매여 수동적이고 무기력하게 살았다. 자신도 변화할 수 있고, 스스로 곤경에서 빠져나올 수 있다는 생각은 단 한 번도 하지 않았다. 마치 죄수가 스스로 감옥에 갇혀 있으면서 누군가 자신을 탈출시켜주기를 바라는 것과 같았다.

외부의 힘을 빌려 문제를 해결하고자 하는 사람에게 자신을 변화시킨다는 것은 매우 고통스러운 일이다. 하지만 자신을 변화시키지 않으면 평생 같은 잘못을 반복하며 죽도록 고생할 수밖에 없다.

변화에 대한 두려움은 우리 모두가 가진 심리적 질병이다. 누구나 이미 익숙한 심리적 상태를 훨씬 안전하게 느낀다. 안전감은 편안함을 주며, 일단 편안함을 느끼면 계속 거기에 머물려고 하는 것이 인간의 본능이다. 반면 변화는 그 심리적 '컴포트 존'에서 벗어나는 것을 의미한다.

심리적 컴포트존에서 벗어나기 어려운 까닭은 무엇일까? 원인은 하나다. 변화의 결과에 대한 '불확실한 공포' 때문이다.

변화한 결과가 자신이 바라던 것일지 확신할 수 없기 때문이다. 변화를 두려워하는 사람은 대개 의지가 약하며, 자신의 약점 또한 분명히 알고 있다. 그 결과, 원하지 않는 결과를 얻느니 차라리 이미 익숙해진 현 상황에 안주하는 편이 낫겠다는 심리가 강하게 작용한다.

특히 직장 내에 이런 사람이 많을 경우 전체적으로 업무 효율이 떨어지는 경향을 보인다. 왜냐하면 변화에 대한 두려움 때문에 현 상황에 안주하려 하다 보니 지시받은 일 외에는 하지 않으려고 하기 때문이다. 게다가 그마저도 늑장을 부리다 위에서 재촉하면 억지로 마무리를 짓는다. 잘 미루고 타성에 젖은 사고방식에 안주하는 것은 변화를 두려워하는 사람의 특징이다. 그렇다 보니 자연히 무능력해 보인다.

그럼에도 우리는 나 자신을 변화시켜야 한다. 인생에는 대면하지 못할 일이 없다. 떠나보지 않으면 내가 얼마나 멀리 갈 수 있는지 평생 알 수 없고, 노력해보지 않으면 자신의 능력이 어느 정도인지 영영 알 수 없다. 변화를 두려워하지 말라. 좋든 나쁘든, 당신이 정말로 감당하지 못할 결과는 없다.

출생 배경이 좋지 않다고, 생김새가 못났다고, 배움이 짧다고 해서 필연적으로 자존감이 낮아야 하는 것은 아니다. 좋지 않은 환경에서 태어난 것은 내 잘못이 아니지만 제대로 살지 못하는 것은 분명히 나의 잘못이다. 어디서든 끝까지 싸우겠다는 결심을 세우고 언제든 과감히 뛰어들겠다는 배짱을 가져야 한다. 삶의 가장 빛나는 시절조차 변화를 시도하지 않는다면, 결국 헛사는 인생이 되고 만다.

그러나 세상에 대해 완벽한 통제권을 가지고 있어야 비로소 세상을 변화시킬 수 있다고 생각하는 사람이 많다. 알고 보면 우리는 매일 세상을 변화시키고 있는데 말이다. 다만 변화하는 정도가 우리가 바라는 만큼 크지 않을 뿐이다.

우리는 결코 자신이 원하는 대로 세상을 조종하거나 좌지우지하지 못한다. 그렇지만 세상을 더욱 아름답게 만들기 위해 내가 먼저 변화할 수는 있다. 세상을 변화시키고 싶다면, 그만큼 나 자신을 변화시키면 된다.

내 인생에 가치와 의미를 부여할 수 있는 사람은 나 자신뿐이다. 그게 누가 됐든 내가 아니라 남이 강요한 삶은 내 인생이 아니라 타인의 인생이다. 지금 내 삶이 왜 이런 모양새인지 알고 싶다면, 다른 누구도 아닌 나 자신에게 물어야 한다. 어떻게 살아야 할지 알고 싶다면, 먼저 내 마음이 향하는 곳이 어딘지 살펴야 한다. 타인의 기준을 자신에게 적용하면 평생 무대 위 배우처럼 타인의 인생을 연기할 수밖에 없다. 세상을 내 뜻대로 다스릴 수는 없지만, 적어도 내 인생은 남이 아니라 자신으로서 살아가야 한다는 사실을 기억하자.

이를 위해 먼저 다음의 몇 가지부터 실천하도록 하자.

하나, 자기 자신을 유머의 대상으로 삼을 수 있는 여유를 가져라. 특히 타인과 대화할 때 이러한 여유를 갖는 것은 인간관계를 훨씬 부드럽게 관리할 수 있는 비결이다.

둘, 깊이 사고하는 법을 배워라. 자신의 성격 중에 싫은 부분들은 대개 내면의 가장 본질적인 약점과 관련이 깊다. 깊이 있는 사고를 통해 이런 약점을 깨달으면 앞으로 어떻게 해야 할지 자연스럽게 알게 된다.

셋, 환경에 의지하지 말고 가장 나다운 내가 되어라. 그래 야만 진정한 독립을 이룰 수 있다.

하루 종일 불만만 늘어놓고 자신이 얼마나 고통스러운지만 생각한다면 당신의 세계는 매우 비참해질 것이다. 반대로 삶의 소소한 즐거움에 감사하고 고마워하는 마음을 갖는다면 당신의 세계는 기쁨으로 가득찰 것이다.

우리가 진정으로 소유할 수 있는 것은 미래가 아니라 지금도 끊임없이 흘러가는 현재다. 우리가 감사하고 누릴 줄 아는 마음을 가질 때, 하늘이 무엇을 허락하든 상관없이 진정한 행복을 얻을 수 있다.

인생에 사실 별 의미는 없다. 사람은 누구나 이 세상에 잠시 머물다가 속절없이 떠나간다. 다만 모두가 애써 살아가며 누군가는 좋은 흔적을 남기고, 누군가는 아픈 흔적을 남길 뿐이다. 만약 우리가 의미를 부여하지 않는다면 인생은 그저 꺼져가는 과정에 불과하다. 그러나 우리가 의미를 부여하는 순간, 적어도 우리에게 이 과정은 의미를 갖게 된다.

인생이 흘러가는 과정임은 부정할 수 없는 사실이다. 이 유한한 시간 동안 무언가를 해내고 남기기 위해 노력해야 한다. 영원한 존재가 없기에 이 세상은 비로소 변화로 가득 차고, 영원한 존재가 없기에 인생은 비로소 다채로울 수 있다. 그러니 변화를 두려워할 이유가 어디 있겠는가?

Chapter 5
지금 누구를 위해
살고 있나

나 자신이 세상을 바꾸기 위해서가 아니라
세상에 의해 바뀌지 않기 위해 고군분투할 때,
우리는 비로소 사방의 적들에게 날쌔게 대응하는
'팔면육비八面六臂'의 고수가 될 것이다.

─────── 예전에 이런 짧은 글을 보았다.

"우린 친구가 될 수 없다. 왜냐하면 서로에게 상처 주었기 때문이다. 그렇다고 적이 될 수도 없다. 왜냐하면 깊이 사랑했기 때문이다."

이 글의 논리에 대해서는 의구심이 들지만, 현실에서 이런 일이 꽤 벌어진다는 점은 인정한다. 실제로 수많은 사람이 한때 사랑하는 사이였다가 결국 가장 낯선 사이로 변하지 않던가.

처음부터 상처 주는 것이 목적인 사랑은 없다. 그러나 수많은 사랑이 결국 서로 상처를 주고받으며 끝난다. 우리는 종종 한 사람에 대한 기대가 사랑이라고 착각하고, 그의 생활을 돌봐주는 것을 사랑이라고 착각한다. 그래서 상대에게 끊임없이 기대하고, 자신이 가장 옳다고 여기는 방식대로 살라고 요구한다. 그리고 자신이 사랑이라고 생각하는 방식으로 상대를 기쁘게 만들기 위해 심신의 고통과 피곤함을 감수한다.

물론 이것도 사랑을 표현하는 방식이다. 그러나 이런 방식은 나 좋을 대로의 일방통행에 불과하다. 솔직히 우리는 상대도 이런 방식의 사랑을 원하는지, 심지어 이를 사랑이라고 느낄지조차 확신할 수 없다.

사랑을 주는 쪽과 받는 쪽의 감정적 낙차는 부모 자식 사이에서 가장 전형적으로 드러난다. 전철 안, 엄마와 함께 앉아 있는 아이의 이마에 땀이 송송 솟아 있다. 아이는 더운지 겉옷을 벗겠다고 하지만 엄마는 추우면 어떡하느냐며 한사코 벗지 못하게 한다. 아이가 아무리 덥다고 말해도 엄마는 고집스레 고개를 젓는다. 그러곤 "다들 겉옷을 입고 있지 않니. 그러니 너도 입고 있어."라고 말한다. 아이의 이마에 땀이 흐른다는 사실을 무시한 채 오직 자기 생각만 고집한 것이다.

결국 가여운 아이는 울음을 터뜨리며 옷을 벗으려 했다. 이리저리 달래던 엄마는 아이가 끝까지 자기 말을 듣지 않자 결국 화가 나서 무섭게 소리 질렀다.

"너 왜 이렇게 말을 안 들어! 옷 벗으면 추운 거 몰라?"

그녀는 왜 화를 냈을까? 아마도 자신은 아이를 사랑하고 아끼느라 한 행동을 아이가 이해하지 못하고 제멋대로 군다고 생각했기 때문이리라.

하지만 이 엄마는 정작 아이의 마음은 생각하지 않았다. 자식을 그렇게 아끼고 생각한다면서 전철역까지 걸어오느라 몸에 열이 나서 덥다고 한 아이의 입장은 전혀 고려하지 못했다. 그녀가 한 행동의 직접적인 동기는 아이가 추워할지도 모른다는 주관적 두려움에만 얽매여 있었다. 그래서 자신의 감정적 욕구를 만족시키기 위해 아이의 요구를 무시한 것이다.

자식을 정말 사랑한다면 자식에게 내가 생각하는 방식대로 살라고 요구해서는 안 된다. 위험하지만 않다면 자녀가 얼마든지 온전한 자기 자신으로 살 수 있도록 해야 한다. 그래야 자녀도 진정으로 행복해진다. 그렇지 않을 경우, 우리의 사랑은 더 이상 사랑이 아니라 사랑이라는 이름으로 저지르는 폭력일 뿐이며, 결국 상처만 남기게 된다. 나는 '약'이라고 준 것이 상대에게는 '독'이 되는 셈이다.

이런 상황은 사랑하는 남녀 사이에도 자주 생긴다. 무조건 상대에게 맞추고, 모든 것을 바치고, 자신이 사랑이라고 생각하는 방식만을 고수하면 결국 상대의 마음도 잃고 나는 나대로 몸과 마음이 상하는 결과가 벌어진다.

특히 문제가 되는 지점은 '내가 이만큼 했으니 상대는 마땅히 이러저러해야 한다.'는 생각을 은연중에 갖는 것이다. 이 세상은 불확실한 가능성의 세계다. 다시 말해 내가 '원하는 바'가 있을 수는 있지만 '반드시 어떠해야 한다는 법'은 없다는 뜻이다.

누구나 자신의 행동을 선택하는 것 외에는 아무것도 결정할 수 없다. 당신이 전업주부와 워킹맘 중 어느 쪽이 되기로 선택하든, 그 선택 때문에 남편이 당신을 반드시 사랑하고 아껴야 한다거나 돈을 벌어다주어야 한다는 당위성이 생기지는 않는다. 마찬가지로 남편이 당신을 사랑하고 아끼며 돈을 벌어다준다고 해서 당신이 반드시 전업주부가 되거나, 반대로 워킹맘이 되어야 하는 것도 아니다.

나의 의지는 그 누구의 지배도 받지 않으며, 나 자신 또한 그 누구의 의지도 지배할 권리가 없다. 만약 다른 사람에게 만족을 주고 싶다는 욕구가 있다면 상대와 의논하고 이에 대해 서로 공통된 인식을 가져야 한다. 즉, 내가 바라는 바를 명확히 알리고 상대가 원하는 바도 정확히 알아야 한다. 상대가 원하는 것이 뭔지 묻지도 않고 사과를 주거나, 내가 원하는 것은 배라고 말도 하지 않으면서 상대가 배를 주기를 바랄 수는 없지 않은가.

우리는 늘 선택지 중에서 하나를 고르고, 변수로 인해 어떻게 변할지 알 수 없는 불확실한 결과를 받아들여야 한다. 선택했으면 받아들일 것, 이는 잔인하지만 어쩔 수 없는 인생의 진리다.

예전에 한 부인이 나를 찾아와 하소연했다. 너무 가난하다는 이유로 사귀던 사람과 헤어지고 집안이 훨씬 부유한 지금의 남편을 만나 결혼했는데, 살다보니 남편이 아주 나쁜 사람이라는 것이다. 여색을 너무 밝히는 데다 툭하면 손찌검까지 한다고 했다. 하지만 자신은 경제적으로 혼자 살 능력이 없어서차마 이혼도 못하고, 하루하루 남편의 눈치를 보면서 근근이살고 있다고 했다.

그러다 전 남자친구의 근황을 듣게 됐다. 그 역시 그녀와헤어지고 얼마 안 돼 결혼했는데, 근면 성실한 덕분인지 몇 년만에 사업이 크게 번창해서 지금은 그 지역에서 손꼽히는 부자가 됐다는 소식이었다. 심지어 지금 그녀의 시댁보다 훨씬 잘산다고 했다. 이 이야기를 하며 그녀는 과거 자신이 한 선택을뼈저리게 후회한다고 울먹였다.

하지만 나는 그녀에게 '모든 일에는 다양한 가능성이 있다.'고 말해줄 수밖에 없었다. 전 남자친구가 그녀와 헤어진 후 잘풀린 것은 하나의 가능성이 실현된 것에 불과하다. 어쩌면 사고를 당하거나 불구가 되거나 죽었을 수도 있다. 만약 그랬다면 그녀는 애당초 그와 결혼하지 않은 것을 다행으로 여기지않았을까?

마찬가지로 그녀가 부잣집 도련님에게 시집간 것도 여러가지 가능성 중 하나가 실현된 것이다. 남편이 그녀를 사랑하는 것도 하나의 가능성이고, 그녀를 존중하지 않거나 우습게보거나 심지어 손찌검하는 것도 하나의 가능성이다.

모든 것은 나의 선택에 의한 결과다. 엄연히 따지면 우리가 상처 받고 고통에 빠지는 궁극적 이유는 내면이 아니라 오로지 외부 세계에서 얻는 것에 자신을 의탁했기 때문이다.

유럽 최고의 지성인 발타사르 그라시안Baltasar Gracián y Morales 의 《현명한 선택》을 보면 아주 적절한 조언이 나온다.

"스스로에 대해 이야기할 때 허영과 자만심 혹은 자기 비하와 자책밖에 할 줄 모르는 사람은 평생 자기 자신을 정확하게 알지 못할 뿐 아니라 남에게도 멸시받는다."

만약 모든 관계에서 자신이 대등하지 못한 자리에 놓인다면, 나와 상대가 바라는 바를 명확하게 파악하고 있는지 반드시 점검해보아야 한다. 만약 아니라면 자신의 심신을 해쳐가면서까지 상대를 기쁘게 해주려는 행동은 당장 그만두어야 한다. 더 이상 사랑이라는 명목으로 타인을 상처 주거나 혹은 상처 받지 마라.

가장 좋은 방법은 나 자신이 되는 것이다. 나의 성장을 돕겠다는 마음으로 내게 상처 주는 사람은 없다. 상처로 인해 고통받고, 그럼에도 반성을 거듭하는 자신만이 나를 성장시키는 장본인이다. 경험 또한 그 자체는 긍정적인 의미가 없다. 경험을 의미 있게 만드는 것은 나 자신의 강인함이라는 사실을 기억하자.

아무도
내 마음을 몰라줘

━━━━━사랑하는 사람이 생기면 그날부터 마음이 요동친다. 기뻤다가 슬펐다가, 별안간 섭섭했다가 조급해졌다가, 부끄럽다가 또 행복해졌다가…. 하지만 상대는 당신의 요동치는 감정을 민감하게 알아차리지 못한다. 세심함과 인내심이 부족한 탓일 수도 있고, 당신 말고도 신경 쓸 일이 너무 많아서일수도 있다.

어쨌든 그는 사랑을 갈구하는 당신의 부름에 즉각적으로 응답하거나 항상 곁을 지켜주지 않는다. 그러면 당신은 저도 모르게 의구심에 빠진다. '혹시 그가 나를 사랑하지 않는 것은 아닐까?' 또 직접 묻고 싶어진다. "자기는 더 이상 나를 좋아하지 않아?"

그 뒤를 잇는 것은 대개 '긁어 부스럼 만들기'다. 누군가는 자기 속이 풀릴 때까지 상대에게 꼬치꼬치 따져 묻고, 누군가는 일단 상대를 괴롭히지 말자는 생각으로 참아본다. 그러나 보통 그 인내 역시 하루를 넘기지 못하고 무너진다. 조금 더 이성적인 사람이라면 훨씬 오래 참을 수도 있지만, 마찬가지로 한두 달을 넘기기가 힘들다. 결국은 "대체 너는 나를 사랑하긴 하니?", "얼마나 사랑하니?"라는 질문을 한다. 그런 뒤 말로라도 확실한 대답을 받아내면 반나절 정도는 행복하다. 반나절 이후에는 똑같은 질문을 또 하겠지만 말이다.

만약 그가 질문할 때마다 열정적으로 대답해준다면 당신은 매일 꽃길을 걷는 기분일 것이다. 반대로 대답이 영 시원찮다면 곧장 부정적인 생각에 사로잡힌다. '내가 조금만 더 예뻤으면 그는 내게 더 다정했을 거야.', '내 과거 연애사가 그리 복잡하지만 않았더라면 나를 좀 더 아껴줬을지도 모르지….' 그 결과, 그녀는 스스로 더욱 깊은 번뇌 속으로 빠져들어간다.

'나는 그를 너무나 사랑하는데, 어쩌다 이렇게 된 걸까?'

살다 보면 우리는 종종 이런 종류의 불평을 입에 달고 사는 사람들을 만난다.

"나는 그를 위해 모든 것을 바쳤는데, 그가 어떻게 나를 이런 식으로 대할 수 있지?"

문제는 스스로 헌신했다고 믿는 사람 중 상당수가 정작 상대의 입장은 전혀 생각하지 못한다는 점이다. 이들은 상대가 자신의 헌신을 정말 필요로 했는지 어쩐지 모른다. 또 일방적 헌신은 아무 보답을 받지 못할 수 있다는 사실에도 깜깜하다. 하지만 내가 얼마를 헌신하든, 그 헌신을 받아들이고 안 받아들이고는 상대에게 달렸다. 마찬가지로 보답을 할지 말지도 상대의 마음이다. 손뼉도 마주쳐야 소리가 나는 것처럼 보답과 헌신도 서로 마음이 통해야 주고받을 수 있는 법이다.

게다가 소위 헌신이라는 것은 객관적으로 측량하기 어렵기 때문에 베푼 쪽과 받은 쪽의 체감 차이가 상당하다. 일반적으로 베푼 쪽은 자신의 헌신을 높게 평가하는 반면, 받은 쪽은 자신이 그 정도로 혜택을 받았다고 생각하지 않는다. 한쪽은 '이만큼이나' 해줬다고 생각하지만 다른 쪽은 '겨우 이 정도'라고 여길 수 있다는 것이다. 아마 자신이 베푼 데 비해 훨씬 많은 보답을 받았다고 느끼는 사람은 손에 꼽을 만큼 적지 않을까.

일방적인 헌신으로 관계를 망치는 사례는 부모자식 간에서도 심심찮게 찾아볼 수 있다. 예를 들어 아이를 돌봐준다는 핑계로 아들 내외 집에 같이 살면서 사사건건 간섭하다가 결국 분쟁을 일으키고 마는 시어머니가 그렇다. 또 부모에게 한없는 헌신과 희생을 바라면서 부모의 노후까지 망쳐버리는 철없는 자식이 그렇다.

자식들을 모두 출가시키고 남아도는 시간을 주체할 수 없다면, 이미 독립한 자식들의 삶에 헌신하지 말고 취미 활동이나 흥미로운 여가 활동을 찾아볼 일이다. 풍요롭고 안락하게 살고 싶다면, 부모의 희생을 요구하며 괴롭히지 말고 스스로 노력해서 살 길을 찾아가야 한다. 왜냐하면 부모가 아무리 헌신해도 결국 자식의 인생을 대신 살아줄 수 없고, 부모가 평생 자식의 인생을 위해 희생할 수는 없기 때문이다.

자식을 위한 지나친 헌신은 자식을 독립적 생활 능력이 없는 바보로 만든다. 반대로 부모의 헌신과 희생에 끝없이 기대기만 하면 정작 자신은 평생 누군가에게 기생하며 살 수밖에 없다.

남이 자신을 위해 헌신해주기를 바라는 사람은 본질적으로 삶 자체에 두려움을 갖고 있다. 그래서 소심하고, 나약하며, 책임감이 부족한 특징을 보인다. 또한 자기 인생의 결정권을 쉽게 다른 사람의 손에 맡겨버린다. 반대로 남을 위해 헌신하는 것이 습관이 되어버렸다면, 정작 자기 자신은 소홀히 대하고 항상 남의 뒤치다꺼리나 해주는 '무골호인'으로 전락할 가능성이 크다.

안타깝지만 우리가 아무리 헌신하고 노력해도 내 배우자나 자식의 인생을 완벽하게 만들 수는 없다. 마찬가지로 가족이나 친구를 위해 평생 자신의 인생을 희생해서도 안 된다.

남녀 관계도 다르지 않다. 한 남자를 위해 무조건적으로 자신의 청춘을 희생했다가 이용만 당하고 버림받는 여자가 어찌나 많은가! 사랑하는 여자를 위해 모든 것을 바쳤다가 쓰라린 배신을 당하고 눈물 흘리는 남자는 또 얼마나 많은가!

누가 됐든, 사람이 책임질 수 있는 것은 자기 인생밖에 없다. 또한 자신이 선택한 길과 행동이라면 그것이 가져올 결과 역시 스스로 감당해야 한다. 무조건적인 헌신이 상대에게 외려 부담이 될 뿐이라면 과연 그에 상응하는 보답을 바랄 수 있을까? 그렇기에 헌신을 두려워하지 말되, 무조건적인 헌신은 반드시 지양해야 한다.

남을 위해 헌신하는 것으로 존중과 보답을 얻으려 하지 마라. 남과 자신의 다른 점을 받아들이고, 각자의 독립성을 존중하라. 남이 나를 위해 헌신해주기를 바라지 마라. 이러한 잘못된 바람을 버릴 때, 우리는 더 이상 타인에게 의존하거나 타인의 헌신을 '당연한 것'으로 여기지 않게 된다. 그리고 비로소 상대와의 관계에 진정으로 감사할 수 있는 마음을 배우게 된다.

무례함에는 넌지시, 품위 있게

─────살면서 만나게 되는 여러 종류의 사람 중에 툭하면 '찬물을 끼얹는' 이가 있다. 이들은 남이 무얼 하든 무조건 "안 돼.", "별로야.", "될 리가 없어."라고 말하며 의욕을 꺾는다. 그렇다고 자기가 나서서 잘하느냐, 그렇지도 않다. 이들은 단지 언어폭력을 남용해서 자기 존재감을 과시하려는 것뿐이다. 그래서 시시때때로 남에게 상처 주고, 또 반격을 당해 자신도 상처 받는 악순환의 고리를 뱅뱅 맴돈다.

한 프로젝트 회의에 참여했을 때의 일이다. 동료 2명이 심혈을 기울여서 계획안을 작성해왔다. 내용만 보면 개선할 부분은 있었지만, 그들이 그동안 얼마나 열심히 시장조사를 하고 또 고민했는지 고스란히 보이는 아주 괜찮은 결과물이었다.

그런데 회의가 본격적으로 시작된 후 몇몇 동료가 눈에 거슬리는 행동을 보였다. 계획안의 실행 가능성은 제대로 따지지 않고 무조건적인 비판과 비난을 늘어놓는 것이다. 그들은 계획안에 엄청난 공을 들인 동료의 노력을 무시하듯, 구체적 내용조차 모르면서 깎아내리기에만 열중했다. 자연히 회의는 억지 트집 잡기에 논리도 없는 비판이 난무하는 자리가 됐다. 솔직히 한마디 하고 싶었다. "결과물이 좀 부족하다 한들 '고상하고 품위 있는' 동료 분들께서 비판하더라도 계획안을 꼼꼼히 살펴본 뒤에 하면 좋지 않겠느냐."고 말이다.

중요한 프로젝트를 의논하는 자리에서 자기 의견을 내놓지 말라는 뜻이 아니다. 자기 의견은 마음껏 개진하되, 개인적인 감정이나 취향을 기준으로 비판하지는 말자는 뜻이다. 꿀을 한 번도 먹어보지 않은 사람이 어떤 꿀이 맛있는지 말할 자격은 없다. 또한 자기가 꿀을 좋아하지 않는다고 해서 꿀의 시장성이 떨어진다고 단언할 수도 없다.

사실 이는 내가 오랫동안 생각해온 문제와 일맥상통한다. 왜 우리는 그렇게 쉽게 남을 부정하는 것일까? 어째서 극단적이고 심지어 무자비한 말로 남에게 상처 준 뒤, 정작 자기 자신은 논리적이고 타당했다며 흡족해하는 것일까? 내가 함부로 내뱉은 판단과 비난에 누군가는 분명히 상처를 받았는데, 왜 그에 대한 미안함이나 불편함을 느끼지 못하는 것일까? 이러한 근거 없는 자부심을 뒷받침하는 가장 근본적인 원인은 무엇일까?

어떤 일의 근본적인 문제를 파악하려면 먼저 전후 사정과 인과관계를 따져봐야 한다. 앞서 언급한 프로젝트 회의를 예로 들어보자. 이 회의에서 제일 두드러진 문제점은 몇몇 동료가 제시된 계획안의 내용을 자세히 보지 않고, 그저 목록만 한 번 훑어본 뒤 무조건 부정한 것이다. 이러한 행동의 기저에 깔린 심리를 분석해보면 다음과 같다.

먼저 '내용을 보지 않은 이유'는 그 계획안이 다른 사람의 성과물이기 때문이다. 즉 남의 프로젝트에는 흥미를 보이지 않은 것인데, 사실 여기에는 타인에게 관심을 갖고 싶지 않다는 심리가 내재되어 있다. 또 '무조건 부정한 이유'는 남의 성과물을 제대로 판단하기 위해 나의 노력과 에너지를 쓰고 싶지 않다는 의미다. 그 기저에는 타인의 가치를 긍정해주고 싶지 않다는 심리가 깔려 있다. 타인의 결과물을 무조건 부정함으로써 품을 덜고, 또 역으로 자신이 더욱 가치 있어 보이게 하려는 욕심이 작용한 것이다.

그렇기에 꼭 일러두고 싶은 점이 있다. 만약 어떤 사람이 당신을 무시한다면, 그것은 그 사람이 당신보다 잘나서가 아니라 애초에 당신의 가치를 알아볼 마음이 없다는 뜻이다. 사람은 누구나 자기 가치에만 관심을 갖는다. 근거 없는 자신감이 생기는 이유도 이 때문이다.

사람이 오만해지고 남을 무시하게 되는 까닭은 자기 자신 밖에 안중에 없어서 타인의 가치를 보지 못하기 때문이다. 바꿔 말하면 누군가가 나를 무시한다고 해서 반드시 내가 능력이 부족하거나 어딘가 모자란 것은 아니다. 남이 나를 냉담하게 본다고 내가 무능력하다고 생각하지 마라. 타인의 평가는 나의 실질적인 가치와 아무런 상관이 없다.

내 운명의 반은 내 손에, 나머지 반은 하늘의 손에 달려 있다. 우리가 할 수 있는 일은 내 손에 쥐어진 반쪽의 운명을 이용해서 하늘의 손에 쥐어진 나머지 운명을 움직이는 것이다. 슬픔과 실망이 반복되고 삶이 원망스러울 때, 내 손에 운명의 반이 쥐어져 있음을 잊지 말자. 또 모든 일이 잘 풀리고 한없이 득의양양할 때, 내 운명의 반은 하늘이 쥐고 있음을 기억하자.

그래서 우리는 남과 협력해서 살아가야 한다. 내게 관심을 구하는 모든 사람은 다 나와 관계가 있다. 안타깝지만 남이 나를 무시하거나 차갑게 대하는 것은 내 권한 밖의 일이다. 우리는 그저 나 자신으로 세상을 받아들일 수밖에 없으며, 내가 가장 필요로 하는 것밖에 알 수 없다. 사실 나 자신의 감정과 생각에 집중하기 시작하면 남의 시선 따위는 신경 쓸 겨를조차 없다.

고대 그리스 철학자 프로타고라스Protagoras는 "인간은 만물의 척도"라는 명언을 남겼다. 나는 이 명언을 '사람은 각자 자기 좋을 대로의 기준을 가지고 만물을 판단한다.'는 의미로 이해했다. 이 역시 어쩔 수 없는 일이다.

누구나 자신의 주관적 느낌에 따라 이 세상을 판단하고, 받아들이고, 자기 혼자만 완전하게 믿을 수 있는 결론을 도출해 낸다. 사람마다 타고난 기질과 성격, 자라온 생활환경, 그로 인한 인지능력이 다르기에 당연한 결과다. 이처럼 각자 옳다고 생각하는 바가 제각각이니 서로 인정하고 인정받는 일이 쉽지 않은 것도 당연하다.

그러나 이것이 남을 무시하고 함부로 대해도 된다는 이유가 될 수는 없다. 우리는 나 자신에게만 관심을 집중하지 말고, 마땅히 나와 관계된 모든 것에 관심을 가져야 한다. 왜냐하면 이 세상은 혼자서 살아가는 곳이 아니기 때문이다. 원하든 원치 않든 우리는 항상 누군가와 상호의존하고 협력할 수밖에 없다. 그래서 다른 사람에게 자신이 어떻게 보이는지를 늘 염두에 두어야 한다. 하지만 사람마다 관점이 다르기 때문에 남의 시선에 지나치게 신경 쓰고 얽매일 필요는 없다. 내 꿈속에서 죽을 수는 있지만 남의 말 속에서 죽을 수는 없지 않은가.

우리가 고군분투하는 이유는 세상을 바꾸기 위해서가 아니라 나 자신이 세상에 의해 바뀌지 않기 위해서다. 그렇기에 우리가 추구해야 할 삶의 방식은 마땅히 내게 가장 잘 맞는 방식이어야 한다.

T가 남편과 결혼한 것은 일종의 신분 상승이나 다름없었다. 시골 출신의 그녀가 집을 몇 채나 소유하고 있는 젊은 재력가에게 시집갔기 때문이다. 세간의 질투 어린 시선에도 불구하고 그녀는 행복한 결혼 생활을 영위했다. 친구들이 농담 반, 진담 반으로 대체 비결이 뭐냐고 추궁하자 그녀는 그런 게 어디 있냐며 웃기만 했다. 그러다 잠시 고민하더니 비결이랄 것은 없지만 한 가지 신경 쓴 부분이 있다고 털어놨다.

"여자에게 결혼 생활에서 가장 어려운 문제는 시어머니와의 관계일 거야. 너무 유약해 보이면 평생 시집살이하고, 그렇다고 너무 뻣대서 관계를 망치면 사랑하는 남편한테 상처 줄 수 있으니까 말이지."

T는 결혼하기 전, 남편과 몇 가지를 분명하게 약속했다. 첫째, 언제나 아내의 편에 선다. 둘째, 아내는 남편에게 절대 시어머니에 대한 불만을 말하지 않는다. 셋째, 시어머니가 며느리에 대해 어떤 불만을 이야기하든 남편은 절대 사실로 믿지 않는다.

부잣집 시어머니는 과연 난이도 최상의 상대였다. 결혼 전부터 예비 며느리의 재산을 조사하지 않나, 합의이혼할 경우 위자료 한 푼 없이 나가겠다는 계약서를 쓰라지 않나 온갖 텃세를 부렸다. 다행히 같이 살지는 않았지만, 툭하면 며느리가 아들의 창창한 앞길을 막는다며 하루가 멀다 하고 잔소리를 일

삼았다. 하루는 한 달 생활비를 얼마나 쓰냐며 그녀를 닦달하고, 하루는 자신이 아들의 월급 통장을 관리할 테니 당장 내놓으라고 화내는 식이었다. 그러나 T는 내면이 단단하고 강한 사람이었기에 시어머니의 온갖 구박에도 굴하지 않고 늘 다정하게 말을 건넸다.

"어머니, 지난 주말에 백화점에 갔다가 정말 예쁘고 고급스러운 옷을 봤는데, 딱 어머니 생각이 나더라고요. 어머니 분위기에 정말 잘 어울릴 것 같아요. 이번 주말에 저랑 같이 가세요. 꼭 사드리고 싶어요."

"어머니, 젊은 시절에 그렇게 미인이셨다면서요? 사람들 말이 꼭 선녀 같았다고 하더라고요. 쫓아다니던 남자도 많았다면서요. 조만간 시간 나시면 저한테 그 시절 이야기 좀 해주세요."

결국 정면승부로는 도무지 며느리를 당할 수 없다고 판단한 시어머니는 방향을 틀어 아들을 공략하기 시작했다. 하루는 "며느리가 내게 눈을 흘겼다.", 다음 날은 "며느리가 너무 이기적이다."라고 말하며 틈만 나면 험담했다. 처음에는 그러려니 하고 흘려듣던 남편도 이런 일이 계속되자 신경 쓰였는지 조심스레 아내에게 물었다.

"혹시 요즘 어머니가 괴롭히지 않으셔?"

T는 환하게 웃으며 이렇게 대답했다.

"아니, 전혀! 어머니가 얼마나 좋으신 분인데. 저번 주에는 같이 쇼핑 가서 옷을 몇 벌 사드렸고, 이번 주에는 어머니의 젊은 시절 이야기를 들었어. 아휴, 말도 마. 어머니 옷태가 어찌나 좋으신지, 입으시는 옷마다 맞춤옷 같더라니까. 그래서 말인데, 나 어머니랑 헬스클럽 등록하려고. 같이 운동하면서 건강도 챙기고, 지금도 날씬하시지만 더 날씬해지시면 예쁜 옷을 더 많이 입혀드릴 수 있잖아."

아들이 반신반의하며 어머니에게 확인하자, 어머니는 어쩔 수 없이 그랬노라고 대답했다. 사실이 그랬기 때문이다. 또 며느리가 자신을 칭찬한 이야기를 전해 들었을 때는 저도 모르게 마음 한구석이 켕겼다.

얼마 후, 시어머니가 도를 넘는 행동을 해서 아들이 대놓고 어머니를 탓하는 일이 벌어졌다. 그러나 그때도 T는 이에 편승하기는커녕 오히려 어머니의 편을 들었다.

"어머니는 그저 우리한테 잘해주시려는 마음으로 그러신 거야. 다만 그 방식이 우리와 조금 맞지 않았을 뿐이지."

그렇게 세월이 흐른 어느 날, 남편은 문득 놀라운 사실을 깨달았다. 언젠가부터 어머니가 더 이상 아내의 트집을 잡거나 뒤에서 험담하지 않았던 것이다.

T는 무조건 약하지도, 무조건 강하지도 않은 외유내강의 태도로 모든 여성의 최대 난제인 시어머니와의 관계를 지혜롭

게 극복했다. 사실 따져보면 우리가 겪는 문제의 상당수는 정말 해결할 수 없어서가 아니라, 나 자신이 몸을 낮추지 않아서 해결되지 않는 경우가 많다.

사람은 다 똑같다. 서슬 퍼런 호랑이 같은 시어머니도 나와 같은 성정을 가진 인간이지, 절대 난공불락의 요새가 아니다. 한때의 갈등에 이성과 침착함을 잃지만 않는다면 갈등이 더욱 심해지는 것은 막을 수 있다. 또 자기 내면을 다스리는 법을 배워두면 시어머니의 맹렬한 공세도 부드럽게 넘길 수 있다. 시어머니 세대는 시대적 환경 때문에 어쩔 수 없이 생긴 불안함과 날카로움이 있다는 점을 인정하고, 그분들의 심리적 수요를 명확히 파악해서 적절히 만족시킨다면 고부 관계를 풀어나가는 일도 결코 어렵지 않다.

사람과 사람 간의 유일한 충돌은 가치관의 충돌이며, 결코 풀 수 없는 매듭이란 존재하지 않는다. 고부 사이도 마찬가지다. 만약 시어머니의 음식이 입에 맞지 않는다면 조금 덜 먹고, 나중에 몰래 나가서 내가 좋아하는 음식으로 배를 채우면 된다. 시어머니가 하는 말이 마음에 걸린다면 잠깐 난청이 온 것처럼 한 귀로 듣고 한 귀로 흘리면 된다.

혹은 시어머니가 아이를 돌보는 방식이 마음에 들지 않을 수도 있다. 하지만 관점을 바꿔보면, 그래도 생판 남이 봐주는 것보다 할머니가 손주를 돌봐주는 게 훨씬 낫다는 생각을 하게 된다. 사실 많은 일이 그렇다. 내가 관점을 바꾸고, 문제가 아니라고 생각하는 것만으로도 문제가 아니게 된다.

진정으로 행복해지려면 때로는 생각을 전환해야 한다. 내가 먼저 몸을 낮추고 상대의 요구에 유연하게 대처하는 것을 무조건적이고 일방적인 희생이라고 생각한다면, 자연히 경직된 태도로 문제를 대할 수밖에 없다. 게다가 속으로 이런 계산을 하고 있다는 것 자체가 이미 내면이 약하고 적응력이 떨어진다는 뜻이다.

자발적인 사람일수록 더 많은 수확을 얻는 것이 이 세상의 원리다. 자발적으로 나서는 것은 일종의 능력이며, 자발적으로 상처를 막는 것은 더 큰 능력이다. 누군가가 먼저 상처 주고받기를 그치지 않으면 결국은 쌍방 간에 더 큰 상처만 남는다. 실제로 서로 상처를 주고받는 악순환의 고리에 빠져 결국 무너지고 마는 가정이 얼마나 많은가.

이 세상에 공짜 점심은 없다. 저절로 얻어지는 행복도 없다. 스스로 먼저 상처 주고받기를 그칠 능력이 없다면 행복을 누릴 능력도 없는 셈이다.

물론 자발적으로 나서는 것은 결코 쉬운 일이 아니다. 또 오늘 변하기로 결심했다고 당장 변할 수 있는 것도 아니다. 진짜 변화를 이루려면 과거의 나 자신과 씨름하고 싸우는 고통스런 과정이 필요하다. 그러나 그 과정을 통해 차근차근 나 자신을 개선하고 받아들이는 법과 내면의 분노를 다스리는 법을 배운다면, 언젠가는 반드시 능동적으로 상처를 끝내고 행복한 삶을 영위할 날이 올 것이다.

남이 나를 냉담하게 본다고
내가 무능하다고 생각하지 마라.
타인의 평가는 나의 실질적인 가치와
아무 상관이 없다.

나 자신의 감정과 생각에 집중하기 시작하면
남의 시선 따위는 신경 쓸 겨를조차 없어진다.

나 빼고 다
잘 사는 것 같을 때

──────버티는 것은 위대하다. 특히 남들이 알아주지 않아도 고난과 괴로움을 견뎌내고 끝까지 발버둥 치며 삶을 버텨낸 이는 정말로 위대하다. 이는 꿋꿋이 내딛은 한 걸음 한 걸음이 모여서 장엄한 원정길이 완성되는 것과 같은 이치다.

원정길이라고 하면 왠지 구불구불 끝없이 이어진 길과 그 위에 표표히 날리는 흙바람이 떠오른다. 막상 그 길을 걷기 시작하면 우리는 한 걸음씩 힘주어 걸어가야만 한다는 사실을 깨닫는다. 구불구불 이어진 길은 울퉁불퉁 험한 길로 변하고, 낭만적인 흙바람은 따가운 모래 폭풍으로 변하며, 편평한 땅은 진흙탕으로 변모한다. 햇빛은 막상 쐬어보니 살갗이 타들어갈 정도로 뜨겁고, 무지개는 어디 있는지 보이지도 않는다. 결국 우리 앞에는 비바람이 양쪽 뺨을 때리는 처참한 현실만 남는다.

이쯤 되면 겉보기에 장엄하고 아름다워 보이는 여정일수록 그 배후에는 보이지 않는 엄청난 풍파가 숨어 있다는 진리를 깨닫게 된다. 게다가 우리는 상상한 것만큼 강하지 않고, 세상을 변화시킬 힘도 부족하다. 처음에는 자신이 대단하다고 믿지만 종국에는 운명이 얼마나 억세고 사나운지를 무력하게 지켜보는 신세가 되고 만다. 그러다 어느새 인생의 의미를 놓치고, 왜 사는지 이유도 모른 채 방황과 혼란에 빠져버린다. 대체 어떻게 해야 내가 가야 할 진정한 길을 찾을 수 있을까?

아마 누구나 한 번쯤은 이러한 혼란의 시기를 겪을 것이다. 이럴 때 우리는 노력으로 온 세상을 바꿀 수 있기를 바란다. 그러나 결국에는 삶 자체가 단순하고 반복적인 모순의 종합체이며, 바꾸고 싶다고 해서 쉽게 바꿀 수 있는 게 아님을 깨닫게 된다. 그리고 스스로를 돌아보고 반성한 뒤 패배를 인정한다. 하지만 사실 마음속 깊은 곳에서는 여전히 삶에 패배했다는 현실을 잘 받아들이지 못한다. 이미 패배한 것이나 다름없는 게 인생이라면 그렇게 열심히, 고생스럽게 노력할 이유가 어디 있다는 말인가? 이런 의문이 드는 순간 우리는 좌절한다.

젊은 시절의 방황은 좋은 일이다. 부모의 비호를 벗어나 부모의 가치관이나 세계관, 인생관에서 자신만의 시각으로 세상을 보기 시작했다는 뜻이기 때문이다. 또한 더 이상 부모의 기대에 부응하는 것을 인생의 목표로 삼지 않고, 독립적인 사고 능력을 가지고, 자신이 원하는 바를 탐구하는 출발이라는 점에서 상당한 의미가 있다.

잠시 혼란을 겪는 것 역시 좋은 일이다. 적어도 아직은 우리가 무언가를 추구하고 있고, 인생의 의미를 찾고 있다는 방증이기 때문이다. 끊임없이 노력하는 한, 실수와 고통을 통해 자기 자신을 반성하는 한 언젠가는 반드시 자신만의 길을 찾을 수 있다.

한 평범한 청년이 있었다. 그는 왜소한 체격에 볼품없는 외모의 소유자였다. 게다가 학력도 좋지 않았다. 그래서일까. 졸업한 후에 여러 회사의 문을 두드렸지만 전부 거절당했다. 그래서 그는 자신이 쓸모없는 사람이라고 생각하고, 구직 활동을 포기한 채 정부보조금에 의지해 하루하루 살았다.

그 시기, 미국에 경제대공황이 닥쳤다. 뉴욕 맨해튼에는 매일 수천 명이 모여 정부가 더 많은 자금을 민생 복지에 쏟아야 할 것을 주장하며 시위를 벌였다. 그 역시 이 시위에 참여해 2주 동안 매일 맨해튼으로 달려갔다. 어쩌면 자신의 처지가 좀 나아질지 모른다는 기대감 때문이었다. 3주째가 되었을 때, 그는 텐트를 치고 노숙하면서 장기적인 시위 활동에 돌입하겠노라고 부모에게 선언했다. 그러자 아버지가 그를 만류하고 나섰다.

"네가 자신의 권익을 지키는 법을 배운 건 좋은 일이다만,

중요한 문제를 깜박했구나."

"제가 뭘 깜박했는데요?"

"시위는 당장 네가 처한 지금의 상황을 근본적으로 바꾸지 못한단다. 지금 네 처지가 이렇게 된 게 사회적 분배가 불공평한 탓만 있다고 생각하는 거냐? 취업 문제만 해도 그래. 정말 스스로 열심히 노력했다고 장담할 수 있니?"

그는 아무 대답도 하지 못했다.

"생각해보렴. 회사 사장은 항상 이윤을 추구할 수밖에 없어. 요즘처럼 정치인이 농간을 부리고 금융 위기가 목전에 닥치고 전 세계 경제가 주저앉는 마당에, 네가 사장이라면 어떤 사람을 원할까? 당연히 똑똑하고 재기 넘치는 사람을 좋아하겠지? 세상은 어디나 이렇게 굴러간단다. 그건 바꾸기가 어려워."

"그럼 전 어떻게 해야 하는 건데요?"

"아들아, 정신 차리렴. 먼저 네 자신부터 제대로 되고 나서 다시 이야기하자꾸나."

아버지의 지원과 응원을 받으며 그는 다시 일자리를 찾기 시작했다. 얼마 후, 그에게 좋은 인상을 받은 한 영화사가 그를 전문 배우로 뽑았다. 또다시 많은 세월이 흐른 후, 그는 미국 서부에서 인기 있는 코미디 스타가 되었다.

그의 이야기는 우리에게 성공하지 않을 수는 있지만 성장하지 않을 수는 없다는 사실을 일러준다. 어쩌면 누군가 당신

의 성공을 방해할 수 있다. 그러나 당신이 성장하는 것을 막을
사람은 아무도 없다. 결국 마지막에 우리를 완성하는 장본인
은 운명이 아니라 우리 자신이다. 어떤 관계에서든 남을 잘 대
하는 일 못지않게 나 자신을 잘 대해야 한다. 이는 인생을 사
는 지혜다.

텍사스 주에 사는 리지 벨라스케스Lizzie Velásquez는 선천적
으로 아주 희귀한 난치병을 갖고 태어났다. 마판 증후군이라는
이 희귀병은 몸에 지방이 전혀 쌓이지 않는데, 전 세계적으로
이 병을 가진 사람이 그녀를 포함해 단 3명뿐이다. 엎친 데 덮
친 격으로 4살 때 한쪽 눈이 실명되었다. 부모가 정성껏 돌봐주
기는 했으나 그녀에게는 살아가는 일 자체가 녹록치 않았다.

하루에 여러 번, 몇 십 분 간격으로 계속 식사해도 20살이
됐을 때 그녀는 키 157cm에 몸무게가 겨우 25kg밖에 되지 않
았다. 또한 몸의 지방이 거의 '0'에 가까운 탓에 외형적으로는
뼈가 다 보일 정도로 말라서 '해골녀'라는 조롱을 받았다.

17살이 되던 해, 리지는 인터넷 서핑을 하다가 우연히 자
신이 '세상에서 가장 못생긴 여자'라는 영상의 '주인공'이 되어
있음을 발견했다. 알고 보니 같은 학교의 못된 남학생이 그녀
의 사진과 영상을 인터넷에 몰래 퍼뜨린 것이다. 리지는 이 영
상의 클릭수가 무려 400만 번을 넘었다는 사실에 더욱 큰 상처

를 받았다. 수많은 누리꾼이 그녀의 영상에 차마 입에 담지 못할 악플을 달았다. 심지어 저런 모습으로 사느니 차라리 자살해버리라는 끔찍한 욕설도 있었다.

그러나 리지는 위축되지 않았다. 오히려 용감하게 나서서 당당히 대응하는 편을 선택했다. 비록 몸이 나무젓가락처럼 마르고 여기저기 아팠지만, 그녀는 적극적으로 학교 활동에 참여했으며 나중에는 치어리더까지 됐다. 후에 그녀는 자신의 경험을 활용해 약자를 위한 일을 하기로 결심했다. 그래서 자신의 성장과정이 담긴 영상물을 만들고 강연하기 시작했다.

그녀의 이야기는 곧 인터넷 세상을 휩쓸었다. 자기 비하와 자포자기에 빠졌던 많은 청소년이 그녀를 보고 위로와 힘을 얻었다며 감사와 응원의 메시지를 보냈다. 리지의 행보는 여기서 그치지 않았다. 자서전을 쓰고, 집단 괴롭힘 방지를 위한 법안 마련을 위해 국회의원을 설득하는 데 성공했다.

수많은 사람에게 조롱당했던 리지는 어떻게 인생의 골짜기에서 벗어나 자신감을 회복할 수 있었을까? 몇 년 전, 그녀는 '나를 사랑할 이유'라는 목록을 만들었다. 자신의 신체적, 성격적 장점을 적은 것이었다.

그녀는 이것을 욕실 거울에 붙이고 스스로가 먼저 그 내용을 완전히 믿을 수 있을 때까지 매일 보고 또 보았다. 자기 비하감이 들 때마다 이 목록을 펼쳐보고, '내게도 귀여운 면이 분명히 있다.'는 점을 상기했다. 그러자 느리지만 확실한 변화가 생겼다. 더 이상 사람들의 잔인한 시선에 구애받지 않게 된 것이다. 리지는 이렇게 말한다.

"나 자신을 사랑하는 것만으로도 충분해요. 이 사실을 완전히 믿어야 합니다. 남의 기준에 맞춰 자신을 보지 마세요. 당신은 다른 사람처럼 통통하거나 말라야 할 이유가 없어요. 자신을 남과 비교할 필요도 없고요. 그저 자기 자신이 되는 것으로 충분해요. 왜냐하면 사람은 누구나 대체할 수 없는 존재고, 누구나 사랑스러운 면을 가졌기 때문이죠."

어떤 일이든 과정이 필요하고, 어떤 일을 겪든 마음을 강하게 먹고 대면해야 한다. 그러나 당신에게는 스스로를 위로하고 보듬을 권리도 있다. 결국 우리가 도달해야 할 가장 이상적인 지점은 아마도 나 자신을 사랑하는 법을 깨달은 상태가 아닐까.

나 자신을 사랑할 줄 알게 되면 더 이상 잘 사는 것처럼 보이기 위해 시간과 에너지를 낭비하지 않게 된다. 대신 자신이 정말 좋아하고 흥미 있는 일에 뛰어듦으로써 진정한 기쁨과 내면의 충만함을 누리게 된다. 그리고 당장 그 순간부터 자신이 원하는 방식으로 인생을 살게 된다.

성장의 길은 끝없는 내면의 갈등과 수많은 눈물을 기반으로 다져진다. 그중에는 껍데기를 깨고 나와야 하는 아픔이 있고, 이해받지 못하거나 받아들여지지 못하는 데 대한 인내도 있으며, 자신의 몸에 돋은 가시를 잘라내는 고통도 있다.

하늘 아래 노력하지 않고도 얻어지는 것은 오직 가난뿐이다. 어떠한 고난이든 성장의 영양제가 될 수 있다. 또한 조금이라도 성장한다면, 장담컨대 당신의 인생은 그만큼 더 좋아질 것이다.

누가 뭐래도
나는 나대로 산다

────── 어느 날, 동료와 수다를 떨다가 그녀의 학창 시절 이
야기를 듣게 됐다.

나는 고등학생 때 타지로 전학을 갔어. 가보니까 거기 토박
이 애들끼리 이미 크고 작은 그룹이 형성되어 있더라고. 거
기에 끼지 못하면 고등학생 시절 내내 외톨이가 될 게 분명
했지. 그래서 무조건 숙여가며 여자애들 비위를 맞추는 쪽을
선택했어. 하지만 아무리 노력해도 그 애들은 나를 무시했
고, 심지어 따돌렸어.
한번은 막 교실에 들어서는데 같은 반 여자애 하나가 내 책
상 서랍을 뒤지고 있더라. 그날, 성적표가 나왔거든. 그렇게
내 성적표를 찾아 확인하더니 땅바닥에 버리는 거야. 이유는
대강 짐작이 갔어. 교실 앞쪽 게시판에 성적순 명단이 붙어
있었는데 내가 1등이었고, 그 애가 2등이었거든. 그때부터

였어, 그 애가 다른 사람들에게 내 험담을 하고 다닌 게. 또 시험을 보고 성적표가 나올 때마다 그 애는 뒤에서 나를 조롱했어. 하지만 난 모른 척하고, 어떻게든 그 애와 잘 지내 보려고 애썼지.

그러다 나중에 선생님이 다른 반에 가서 내 작문을 가장 우수한 모범작문으로 소개했는데, 듣자 하니 그 애가 그 반까지 찾아가서 애들한테 내 험담을 했다고 하더라. 하나같이 터무니없는 중상모략이었어. 겨우 10대인 여자애가 왜 그런 '악'을 품고 있었는지, 또 공부 깨나 한다는 다른 친구들은 어떻게 그렇게 쉽게 그 애의 말을 믿었는지, 지금 생각해봐도 이해가 안 가.

하루는 길을 가고 있는데, 뒤에서 나를 욕하는 소리가 들리는 거야. 더 이상 가만있어서는 안 되겠다는 생각이 번뜩 들었어. 그래서 몸을 홱 돌려서 나를 욕한 애들에게 왜 나를 욕하느냐고 무섭게 따지고 들었지. 걔들이 어쨌냐고? 허겁지겁 도망가더라. 나중에 들어보니까 자기네 반에 가서 펑펑 울었다나 뭐라나. 왠지는 모르겠지만 그 순간 엄청 통쾌하고 시원한 기분이 들었어.

기말고사 성적표가 나오는 날이었는데, 같은 반의 그 애가 또 고의적으로 나를 비꼬기 시작했어. 선생님이 나를 편애해서 높은 점수를 줬다는 거야. 하지만 이번에는 잠자코 있

지 않고 그 애 팔을 잡아채며 말했지. '어쨌든 지금 1등은 나
야. 대입 시험에서도 그럴 거고. 네가 날 아무리 싫어한다고
해도 그 사실은 변하지 않을 거야.' 그 애는 나를 노려보다가
결국 울음을 터뜨리며 뛰쳐나갔어.

그날 이후, 난 공식적으로 왕따가 됐어. 그것도 못돼 처먹은
왕따. 하지만 난 아주 오랜만에 머리가 맑아진 느낌이었어.
그래, 너희들 좋을 대로 해라. 어차피 대학은 각자 갈 데로
갈 테니까. 그때가 되면 너희가 아무리 날 괴롭히려고 해도
그럴 수 없을 테지.

고3 시절 내내 눈에 띄게 살찐 애는 나뿐이었어. 대입 시험
을 마친 그날, 막 교문을 뛰어나가려는 나를 갑자기 선생님
이 불러 세우셨어. 그러더니 나를 물끄러미 바라보다 담담하
게 한마디 하셨지. '살이 많이 쪘구나.'

그 장면만 떼놓고 보면 코미디인데, 어째서인지 그때는 그
말을 듣자마자 눈물이 걷잡을 수 없이 솟았어. 정말 숨이 막
히더라. '이 세상에는 내가 아무리 노력해도 절대 나를 좋아
해주지 않을 사람도 있구나.' 아마 그때 그 사실을 깨달았던
것 같아. 그 순간 나는 결심했어. 이 짧은 인생, 아주 '이기
적'으로 살겠다고. 결코 다른 사람한테 보이기 위한 삶을 살
지는 않겠다고 말이야.

인생이란 깨져버린 꿈의 파편들, 산산이 부서진 희망과 처참하게 짓이겨진 환상의 조각이 여기저기 널린 전쟁터다. 우리는 현실과의 전투에서 상처 입고, 절망하며, 넘어진다. 그러나 결국 나를 살리는 것은 나 자신의 선택이다. 아무리 미약한 노력이라도 얼마든지 나의 인생을 더욱 빛나게 바꿀 수 있다.

삶과 대충 타협하기를 거부하는 사람은 자기 연민에 빠지거나 자기 원망에 사로잡히지 않으며, 한 번도 어려움을 겪지 않은 행운아를 보아도 질투하지 않는다. 왜냐하면 삶의 고난을 이겨낸 사람이야말로 진짜 충실한 인생을 살 수 있기 때문이다. 자고로 인생의 술잔을 비워본 사람만이 그 속의 진정한 맛을 음미하는 법 아니겠는가. 특히 젊은 시절에 흘린 눈물은 더욱 귀중하다. 그 눈물 덕에 눈이 맑게 씻겨서 더욱 넓은 시야를 가질 수 있기 때문이다.

미국 작가 도로시 딕스Dorothea Lynde Dix는 이렇게 말했다.

"나는 누구보다도 열심과 노력의 의미를 믿는다. 또 고뇌와 실망의 의미도 이해한다. 나는 비탄에 빠지지 않으며, 과거의 고통 때문에 눈물 흘리지 않는다. 삶의 어려움은 내가 삶의 모든 면을 받아들이게 만들었다."

도로시 딕스의 인생은 순탄치 않았다. 어린 시절에는 늘 가난에 시달렸고, 심각한 병을 앓기도 했다. 사람들이 그녀에게 그 모든 난관을 극복하고 저명한 칼럼니스트로 거듭날 수 있었던 비결을 묻자 그녀는 매우 인상 깊은 대답을 남겼다.

"어제를 보내면 오늘을 버틸 수 있었습니다. 그리고 내일 무슨 일이 생길지 미리 예측하지 않았습니다. 또 나는 타인에게 지나친 기대를 갖지 않는 법을 배웠습니다. 그 덕에 친구가 나를 배신해도, 나에 대해 이러쿵저러쿵 떠들어도 웃고 넘길 수 있었지요. 내가 배운 것은 또 있습니다. 유머지요. 인생은 울 수도, 웃을 수도 없는 일이 너무 자주 일어납니다. 만약 고뇌할 수밖에 없는 일이 닥쳤을 때 고민에 빠져 있지 않고 스스로 기분을 전환할 수 있다면, 이 세상 어떤 불행에도 상처 받지 않을 수 있게 된답니다. 나는 인생이 준 수많은 시련을 원망하지 않습니다. 그 시련을 거친 덕에 삶의 모든 면을 철저히 이해할 수 있었기 때문이죠. 이것만으로도 충분히 대가를 치를 만했다고 생각합니다."

이 세상에 적극적으로 맞서라. 세상이 아무리 인색하게 군다고 해도 거기에 얽매이지 마라. 비탄에 빠질 시간에 차라리 주도적이고 적극적으로 대응할 길을 모색하는 편이 낫다. 그래야 비로소 자신의 인생을 제대로 살 수 있다. 삶이든 일이든 학업이든 아니면 내면의 문제든, 내가 대면하지 못할 일은 없다고 스스로 믿어야 한다. 그것만이 모든 일을 질서정연하게 해결할 수 있는 길이다.

고난과 어려움을 겪을 때 사람은 더욱 많은 교훈과 깨달음을 얻는다. 반대로 순탄한 환경에 있는 사람은 이런 깨달음을 전혀 얻지 못한다. 불행을 겪어본 사람은 식당에서 종업원이 서비스를 잘 못하거나 주방장이 맛없는 음식을 내놨다고 해서 화내지 않는다. 그 정도 일에 마음이 일렁이지 않기 때문이다.

이런 사람은 남을 탓하거나 하늘을 원망하지 않는다. 그들은 이 세계가 불완전하다는 사실을 누구보다 잘 알고 있으며, 세상이 주는 시험을 피하지 않고 최선을 다해 노력한다. 또한 운명이 아무리 잔인하더라도 자신의 노력을 통해 얼마든지 불리한 국면을 바꿀 수 있다고 믿는다. 그래서 이들은 당장 눈앞에 펼쳐지는 하루하루를 소중하게 여긴다. 지금 자신에게 주어진 시간이야말로 가장 귀중하고 훌륭한 자원이라는 사실을 잘 알기 때문이다.

착한 사람이
배신당하지 않는 기술

─────── 얼마 전 인기리에 방영된 드라마 '환락송(한 아파트에
사는 5명의 여자에 대한 이야기를 그린 드라마로, 중국판 '섹스앤더시티'로
불림)'에 나오는 한 여인은 세상 물정에 통달한 것처럼 보이지만
사무실 안에서나 '얌체'로 통할 뿐, 정작 손해 보고 눈물 흘리는
쪽은 늘 그녀다. 그런 캐릭터가 답답했던 한 지인이 내게 그녀
는 뭐가 문제인 것 같으냐고 물은 적이 있다. 그렇다. 대체 뭐
가 문제일까?

답을 내기 전에 몇 가지 확실히 해두어야 할 점이 있다. 하
나, 우리가 인지상정이라고 여기는 것이 다른 사람의 입장에
서 보면 반드시 그렇지 않을 수도 있다. 또 흔히 '세상 물정에
통달했다.'는 사람도 알고 보면, 단순히 만사에 교활할 뿐이거
나 남의 생각을 무시한 채 자기 생각대로 모든 일을 처리하는
사람일지 모른다.

며칠 전 친구가 자신의 대학 동기와 만난 이야기를 들려줬다. 몇 년 만에 만난 두 사람은 그간의 안부를 묻고 자연히 다른 동기들의 소식을 주고받았다. 듣자 하니 다른 동기들은 각자 분야에서 상당한 성과를 올린 모양이었다. 이야기를 들으면서 그녀는 이 남자 동기도 꽤나 잘 나가겠거니 추측했다. 대학 시절에 과 대표를 했을 만큼 리더십이 있었고 공부도 잘했을 뿐 아니라 악기 연주며 노래까지 못하는 게 없는 재주꾼이었기 때문이다.

그러나 막상 자기 이야기를 시작하자 그의 얼굴은 금세 우울해졌다. 대학을 졸업하고 벌써 10년이나 지났지만 그는 아직도 평사원이었다. 능력을 보면 어딜 가든 다섯 손가락 안에 꼽히는 인재임이 틀림없는데, 그 자신도 어쩌다 이렇게 됐는지 믿을 수 없다고 했다. 그러면서 동기는 자신이 부진한 이유를 인재를 알아보지 못하는 회사 간부들 탓으로 돌렸다. 친구는 그가 정말 운이 없다고 생각하며 진심으로 그를 동정했다.

그로부터 반년이 지난 어느 날, 친구는 문학 동호회 모임에 갔다가 우연히 그 남자 동기의 상사를 만나게 됐다. 그날 처음 만난 두 사람의 화제는 자연히 공통적으로 아는 인물인 남자 동기에게 옮겨갔는데, 상사의 말은 이러했다.

"그는 분명히 보기 드문 인재예요. 하지만 지나치게 자신을 과신하는 경향이 있다고 할까요. 어떤 일에서는 날카롭게 두각을 드러내고 본인도 매우 의욕적으로 나서요. 심지어 자기 권한 밖의 일에 끼어들 때도 있지요. 그러면서 또 어떤 일에는 관심이 없다고 할까, 무골호인이라고 할까. 특히 회사에 어떤 문제가 생기면 자기 입장을 확실히 밝히지 않고 자신과 관련이 없다 싶으면 대충대충 처리해버리더라고요. 그래도 저는 그의 재능을 매우 높이 사기 때문에 몇 번이나 그에게 기회를 주려고 했어요. 하지만 안타깝게도 어떤 중요한 자리에 누굴 앉힐 것인지 투표하면 그는 항상 가장 적은 표를 받더군요. 그러니 저라고 무슨 수가 있겠어요?"

친구는 그제야 깨달았다. 그 동기가 항상 좌절할 수밖에 없었던 이유는 부족한 능력 때문이 아니라 성품의 문제였다. 그의 오만함과, 겉보기엔 세상사에 통달한 것 같지만 사실은 미성숙한 면이 그가 끊임없이 좌절할 수밖에 없었던 주된 원인이었던 것이다.

그는 분명히 뛰어난 업무 능력을 가지고 있었다. 그러나 호전적이고 무조건 이기려고 하는 성격 탓에 자신도 모르는 새 동료들의 마음을 크게 상하게 만들었다. 자존심에 상처를 입은 동료들은 자연히 그를 배척했고, 그에 대해 부정적으로 평가했다. 그렇다고 그가 바탕이 나쁜 사람이라는 것은 아니다. 다만 어떤 문제가 생겼을 때, 남과 잘 지내야 한다는 생각만으로 부화뇌동하거나 원칙 없이 되는대로 대충 처리하는 바람에 다른 사람의 뇌리에 좋은 인상을 남기지 못했다.

재능 있고 원기 왕성한 청년으로서 그는 마땅히 자부심을 가질 만한 면도 있고, 이른바 '선량'한 면도 있었다. 그 덕에 시간이 흐를수록 동료들에게 세상 물정에 밝고 자신감 넘치는 이미지를 심어주기는 했지만, 결과적으로는 모두에게 배척당하는 신세가 되고 말았다.

겉보기에 어수룩해 보이고 세상 물정 모르는 사람이라고 정말 아무것도 모르겠거니 생각하면 오산이다. 그중에 최소 절반은 '세상 물정을 아는 척하는 수'를 쓰지 않기로 했을 뿐이다. 잡다한 세상사를 심도 있게 이해하는 사람일수록 오히려 마음이 어린아이처럼 단순하다. 이들은 현실을 수동적으로 받아들일 줄도, 개인의 원칙을 능동적으로 지킬 줄도 안다. 사실 이것이야말로 완전하고 영민한 처세철학이라고 할 수 있다.

갑자기 역사적 인물 한 사람이 떠오른다. 이 인물은 자기 재주를 믿고 남을 깔보았던 것으로 유명하며, 또 그 때문에 죽었다. 바로 양수楊修다.

동한東漢 건안建安 24년, 조조曹操가 촉군과 대치중일 때 당시 조조군의 주부(主薄, 무과에 속한 벼슬의 하나)였던 양수는 '계륵 사건'으로 목숨을 잃으면서 지나치게 똑똑하면 오히려 화를 입는다는 전형적인 예를 보여주었다.

사실 조조가 단순히 속이 좁아서 자신보다 똑똑한 양수를 없앤 것은 아니다. 장수張绣라는 자가 군사 반란을 일으켜 자신의 아들과 아끼던 장군을 죽이고, 후에 투항했을 때도 조조는 그를 다시 받아들였다. 이처럼 자식을 죽인 원수조차 용서했던 조조가 어째서 양수는 용서하지 못하고 죽여서 후환을 없애겠다고 했을까? 이유는 단 하나, 양수가 지나치게 똑똑해서 자신의 속까지 훤하게 들여다보았기 때문이다.

한번은 조조가 정원을 지으라고 명했다. 그런데 완성된 정원을 돌아본 뒤, 문 위에 '활活'이라는 한 글자만 써놓고 가버렸다. 아무도 그 의미를 몰라 우왕좌왕하고 있는데 양수가 이렇게 말했다.

"'문門'이 '활'자를 품었으니 넓을 '활闊'이 되었군요. 승상은 정원 문이 너무 넓다고 나무라신 겁니다."

아무도 조조의 속내를 눈치 채지 못했지만 양수는 문 위에 쓰인 글자만 보고 거기 숨은 뜻과 조조의 마음까지 간파했다. 그런 뒤 득의양양하게 그 '비밀'을 다른 사람에게 말해버렸다.

조조는 평소 암살을 피하기 위해 자신은 사람을 죽이는 꿈을 잘 꾸니, 잘 때는 아무도 가까이 오지 말라고 엄명했다. 또한 남들이 이를 믿게 하기 위해 자는 척하고 있다가 흘러내린 이불을 덮어주려고 가까이 다가온 신하를 칼로 베어 죽이고는 이튿날 누가 그를 죽였냐며 놀란 척하기도 했다. 결과적으로 사람들은 조조가 잠결에 사람을 죽인다고 믿게 되었다. 그러나 양수만은 조조의 의도를 알아차리고 죽은 신하의 장례식에서 이렇게 말했다.

"승상이 꿈속에 있던 게 아니라 그대가 꿈속에 있었구려."

한번은 조조가 아들인 조비曹丕와 조식曹植의 임기응변 능력을 시험해보려고 일부러 둘을 성 밖으로 나가라고 명한 뒤, 성문지기에게 둘을 절대 나가지 못하게 하라는 분부를 내렸다. 그 결과, 조비는 곧이곧대로 다시 돌아왔지만 조식은 양수의 조언을 받아 성문지기를 죽이고 성 밖에 나가는 데 성공했다. 양수가 또 한 번 조조의 의중을 꿰뚫어본 것이다.

그러나 세상사에 통달하고 남의 속을 훤히 들여다보던 양수가 간과한 사실이 있었다. 자신이 똑똑함을 뽐낼수록 조조에게는 오히려 미움을 산다는 사실이었다. 모든 것을 꿰뚫어 볼 만큼 총명한 것처럼 보여도 본질적으로는 세상이 돌아가는 이치와 사람의 마음에 어두웠던 셈이다. 결국 이로 인해 양수는 죽임을 당하고 말았다.

사실 조조의 수하에는 양수 못지않은 인재가 차고 넘쳤다. 곽가郭嘉, 정욱程昱, 순욱荀彧, 가후賈詡 등은 모두 둘째가라면 서러워할 기재였다. 하지만 그들은 양수와 달리 조조의 미움을 사지 않았다. 어째서일까? 그들은 재주를 뽐내거나 세상사를 잘 안다고 자신을 높이지 않았으며, 늘 겸손한 태도로 진지하게 간언했다. 그랬기에 조조의 신임을 받을 수 있었다.

세상 물정을 잘 아는 것과 세속적인 것은 다르다. 마음을 고요히 가라앉히고 머리를 숙일 줄 아는 사람이야말로 성숙한 지혜의 소유자라 할 수 있다.

살다 보면 선량함이 곧 순진함으로 연결되는 경우가 많다. 어떤 상황에서는 '너 참 순진하다.'는 말이 '너 참 착하다.'는 뜻으로 받아들여지기도 한다. 특히 선량한 당신이 '못된 사람'이 파놓은 함정을 보지 못하고 항상 이용당하는 모습은 당신의 순진함을 좋아하는 여러 순진하지 못한 사람에게 안타까움을 안긴다. 그러니 착하고 순진한 것도 좋지만 어느 정도는 세상 물정에 밝아질 필요가 있다.

착하고 순진한 사람은 남에게 단순명쾌하고 진실한 느낌을 주기에 쉽게 신뢰를 받는다. 물론 앞에서 강조했듯이 선량함에도 '가시'가 필요하다. 그러나 날을 세운답시고 세상 물정에 밝은 척 함부로 처세술을 남발한다면 오히려 역효과가 난다.

이 세상에는 계산적이고 음흉한 속셈을 가진 사람이 많다. 반대로 항상 진심으로 타인을 대하는 사람도 분명히 존재한다. 이들이 세상 물정을 모르거나 능력이 없어서 이런 진실한 태도를 견지하는 것이 아니다. 오히려 더 큰 의미의 선함과 지혜를 가지고 있는 것이다. 이런 사람을 대할 때는 얕은 처세술보다는 선량함과 진정성이 훨씬 더 큰 힘을 발휘한다.

마지막으로 이 책을 마무리하면서, 모든 착한 이를 향한 축복과 존경이 조금이나마 표현될 수 있기를 바라며 데이비드 미첼David Mitchell의 소설 《클라우드 아틀라스》의 한 단락을 인용할까 한다.

"우리가 하는 모든 일은 인류의 거대한 역사와 공간이라는 범위 안에서 보면 아무것도 아니다. 그러나 이렇게 미미하지만 셀 수 없이 많은 선량한 신념들 덕분에 가장 척박한 환경에서도 인간성이라는 씨앗이 여전히 살아남아, 시공간의 세례를 거쳐, 미래의 어느 시간 어느 세계에서 가장 찬란한 빛을 발휘하게 되는 것이다."

설혹 우리의 선한 행동이 너무나 보잘것없고 하찮은 듯 보인다 할지라도, 당신과 나는 분명히 이 세상이 이룩해낸 가장 위대한 성과 중 하나다.

착하게 살지도,
악하게 살지도 못하는 당신에게

─────우리는 시시때때로 외부 세계의 목소리에 흔들린다. 시간이 흐르다 보면, 어느새 초심을 잃고 독립적인 사고능력과 자신을 견지할 능력도 잃어버린다. 그렇게 자신이 원하는 방식대로 살아간다는 것이 생각보다 훨씬 어려운 일임을 깨닫는다.

이럴 때 우리에게 필요한 것은 따뜻한 위로가 아니라 차가운 물 한 바가지다. 자신의 못돼먹은 성질을 깨닫게 하고, 속좁은 면을 반성케 하며, 스스로는 알지 못하고 남은 알아도 절대 말해주지 않는 모든 문제점을 발견하게 하는 '냉수'말이다.

나이 들수록 따스한 위로를 있는 그대로 믿고 받아들이기가 어려워진다. 그래서 때로 솔직하고 냉정한 직설이 더 소중하게 느껴진다. 같은 맥락에서 내가 하고자 한 말들은 모두 예전부터 있어온 당연한 이치들이지만 당신에게는 새로운 생각들일지도 모른다. 그러나 여러 번 읽어본다면 그다지 어렵지 않게 자신의 그림자를 발견하게 될 것이다.

부디 당신이 힘들고, 괴롭고, 방황에 빠졌을 때 이 책을 만났기를 바란다. 그리고 부디 이 책의 문장을 통해 조금이나마 힘내고, 이 세상에 백기 투항하지 않을 용기를 얻었기를 바란다.

영화 '색, 계'의 원작 소설가로 유명한 장아이링張愛玲이 쓴 글 중에 〈가지 않을 수 없는 굽은 길〉이라는 작품이 있다. 그녀는 청춘의 어귀에 서 있고, 어머니는 그런 그녀를 붙잡으며 말한다.

"이 길은 갈 길이 못 돼. 내가 예전에 가보았단다."

그러나 그녀는 믿지 않았다. 어머니도 가본 길을 자신이 가지 못할 이유가 어디 있단 말인가? 그래서 그녀는 그 길을 가겠다고 고집했다. 어머니는 어쩔 수 없다는 듯 한숨을 쉬며 한마디 했다.

"그럼 몸조심하렴."

그 길에 들어선 그녀는 얼마 안 가 어머니의 말이 거짓이 아님을 깨달았다. 정말로 너무나 힘든 길이었던 것이다. 죽을 힘을 다해서 가까스로 그 길을 끝까지 걸어서 나왔을 때, 그녀는 과거 자신이 서 있던 바로 그 어귀에 어느 젊은이가 서 있는 것을 보았다. 자신의 어머니가 그랬듯, 그녀 역시 참지 못하고 외쳤다.

"그 길로는 가면 안 돼!"

하지만 젊은이는 그때의 그녀처럼 그 길을 꼭 가야겠다고 했다. 그래서 그녀는 어쩔 수 없이 말했다.

"그럼 몸조심하렴."

이 책도 비슷하다. 권할 수는 있지만 말리지는 못하고, 결국에는 "몸조심하라."고 말할 수밖에 없는 심경이 담겨 있다. 그래서 되도록 읽기 쉽고 편하게 쓰려고 노력했다. 일하다가 잠시 기분 전환할 때, 혹은 여유가 날 때 가볍게 읽을 수 있는 수준으로 말이다.

당신이 누구든 간에 이 책의 한두 문장 정도는 당신의 마음 문을 열고 들어가 잠자던 내면을 흔들어 깨우고, 무뎌진 신경을 날카롭게 벼려줄 수 있기를 바란다. 만약 그렇다면 이 역시 우연히 얻은 행운이요, 세상 물정에 밝지만 세속적이지는 않은 지혜일 것이다.

앞서 언급한 작품에서 장아이링은 또 이렇게 썼다.

"인생의 길 중에는 누구나 가지 않을 수 없는 길이 있다. 그것은 바로 젊은 시절의 굽은 길이다. 엎어지고, 넘어지고, 부딪쳐서 피가 흐르도록 머리가 깨져보지 않고서야 어떻게 뼈와 근육이 단단해지고, 성장할 수 있겠는가?"

인생은 시행착오의 연속이다. 성장도 예외가 아니다. 어떤 행동을 하고 어떤 길로 갈지는 각자가 내면의 목소리에 귀를 기울이며 한 걸음씩 모색해나가야 한다. 넘어지면 일어서고, 길이 막히면 뒤로 물러서며, 갈림길에 서면 한쪽을 선택하고, 길을 잃으면 잠시 멈추면 된다.

내가 이미 가본 길이라는 이유로 다른 사람이 그 길을 가지 못하게 막아서려는 '노파심'은 버리는 게 낫다. 막아봤자 아무 소용없기 때문이다. 누가 됐든 그저 "몸조심하라."고 말해줄 수 있을 뿐이다.

이 세상에 똑같은 인생은 존재하지 않는다. 사람은 누구나 자신만의 인생을 살아가며, 혼자서 인생이라는 과제를 완성해야만 한다. 경험해봤기에 이해할 수 있다. 그것이 인생이라는 것을. 이 세상의 모든 깨달은 자와 깨닫지 못한 자에게 축복을 전한다. 부디 성장하기를 그치지 말고, 지금까지 그랬듯이 앞으로도 계속 선량하라.

착하게, 그러나 단호하게

2018년 4월 25일 초판 1쇄 | 2023년 6월 28일 44쇄 발행

지은이 무옌거 **옮긴이** 최인애
펴낸이 박시형, 최세현

책임편집 김유경
마케팅 양근모, 권금숙, 양봉호, 이주형 **온라인홍보팀** 신하은, 정문희, 현나래
디지털콘텐츠 김명래, 최은정, 김혜정, 서유정 **해외기획** 우정민, 배혜림
경영지원 홍성택, 김현우, 강신우 **제작** 이진영
펴낸곳 (주)쌤앤파커스 **출판신고** 2006년 9월 25일 제406-2006-000210호
주소 서울시 마포구 월드컵북로 396 누리꿈스퀘어 비즈니스타워 18층
전화 02-6712-9800 **팩스** 02-6712-9810 **이메일** info@smpk.kr

ⓒ 무옌거 (저작권자와 맺은 특약에 따라 검인을 생략합니다)
ISBN 978-89-6570-622-9 (03320)

쌤앤파커스(Sam&Parkers)는 독자 여러분의 책에 관한 아이디어와 원고 투고를 설레는 마음으로 기다리고 있습니다. 책으로 엮기를 원하는 아이디어가 있으신 분은 이메일 book@smpk.kr로 간단한 개요와 취지, 연락처 등을 보내주세요. 머뭇거리지 말고 문을 두드리세요. 길이 열립니다.